重新定义管理：从管控到赋能

陈维银 著

企业管理出版社

图书在版编目（ＣＩＰ）数据

重新定义管理：从管控到赋能 / 陈维银著. -- 北京：企业管理出版社, 2021.8
ISBN 978-7-5164-2382-0

Ⅰ.①重… Ⅱ.①陈… Ⅲ.①企业管理－研究 Ⅳ.①F272

中国版本图书馆 CIP 数据核字(2021)第 073700 号

书　　名：	重新定义管理：从管控到赋能
作　　者：	陈维银
选题策划：	周灵均
责任编辑：	张羿　周灵均
书　　号：	ISBN 978-7-5164-2382-0
出版发行：	企业管理出版社
地　　址：	北京市海淀区紫竹院南路17号　　邮编：100048
网　　址：	http://www.emph.cn
电　　话：	编辑部　(010) 68456991　　发行部　(010) 68701073
电子信箱：	emph003@sina.cn
印　　刷：	河北宝昌佳彩印刷有限公司
经　　销：	新华书店
规　　格：	710毫米×1000毫米　　16开本　　13印张　　170千字
版　　次：	2021年8月第1版　2021年8月第1次印刷
定　　价：	58.00元

版权所有　翻印必究·印装有误　负责调换

序

未来，管理要从"管控"转到"赋能"

对于企业经营，有一句话值得我们反思："没有成功的企业，只有时代的企业。"一个企业与它所处的时代紧密相连，甚至生死攸关。顺势而为者生！

今天，是一个怎样的时代？过去我们常说，时代变化太快，以后的生意会越来越难做，员工会越来越难管。一转眼，我们已身处其中。当下时代，变化不可谓不快，从互联网到物联网，从 PC 端到移动终端，从大数据到人工智能，一个个新概念、新技术让我们眼花缭乱。

不得不承认，这是一个充满不确定的时代，这是一个被互联网技术（广泛应用）重新改造的世界，这是一个以高质量发展为新诉求的更加开放的时代，这是一个由千禧一代主导消费的年代。

在这些大的要素持续变革下，新的商业模式、新的商业文明、新的组织模式已经悄然形成。我们既要看到其影响的深远（必然性），也必须明白其影响已经或正在发生（紧迫性），所有人都置身其中。在错综复杂的新生态下，科技的进步不仅没能帮助决策者掌握更多的有效信息，反而使一个人准确掌握全局的条件不复存在。

作为领导，要把决策、行动的权利赋予了解情况的一线员工，也就是赋能。要做到这一点，就必须对现有的管理体制、企业文化进行改造，需要从"英雄式领导"改为"赋能给下属"，信任你的下属（员工）能够根据情况第一时间处理问题。

新生代员工已经成为企业的主力，流动性特别大，心情主宰着工作成效。以上种种，我们无法逃避，必须直面这个时代。是你去适应时代还是让时代适应你？当然是后者。

作为企业组织，需要以什么样的思维去变革适应新时代呢？从谷歌到阿里巴巴等国际级企业变革趋势与成果来看，赋能才是这个时代管理变革正确的打开方式。

陈维银
2021 年 6 月

目 录

上篇　从管控到赋能，新时代管理的基本逻辑

第一章　从管控到赋能：对传统管理方式的颠覆 3

1. 赋能——未来组织管理最重要的原则 5
2. 时代发展，世界级企业纷纷调整管理方式 7
3. 现实困局：新生代员工不惧权威，抗拒约束和管控 12
4. 创新需要：传统的管控式 KPI 考核已不合时宜 14
5. 从谷歌看如何运营赋能 17
6. 管控和赋能到底有什么不同 19
7. 互联网时代，自激励是创造者的特征 21
8. 从激活个体到激活组织 22

第二章　管理变革：如何赋能并激活员工的创造力 25

1. 未来机器人可代替人的工作，但缺乏创造力 27
2. 赋能管理体系：管理者要用赋能激活员工 28
3. 赋能管理体系：让员工从胜任到创造 31
4. 不仅是给员工一个岗位，更是给他一个平台和机会 33
5. 赋能管理的核心是要做好五件事情 36

6. 从胜任力到创造力：如何给员工设计角色 38

中篇　赋能个体和组织，聚焦企业内部管理

第三章　领导者自我赋能：共同应对组织未来的挑战 43
1. 领导者自我赋能的价值 45
2. 控制型领导常见的几个误区 50
3. 领导者如何自我赋能 54

第四章　赋能员工：让管理回归以人为本 59
1. 起心动念：让下属过上更好的生活，更有能力 61
2. 共同愿景：让团队成员找到工作的意义和价值 64
3. 弹性授权：多种授权交叉使用 68
4. 领导导师化：师徒关系要强于上下级关系 74
5. 工作氛围：先处理心情再处理事情，一切为协作让路 76
6. 情感连接：与员工打成一片 79
7. 勤"杀毒"，消除团队中的负能量 82
8. 互帮扶：创造人性化的工作环境 84

第五章　赋能组织：实现持续增长的关键 87
1. 组织思维：形成持续增长的惯性 89
2. 自驱变革：不断否定自己，不断超越自己 91
3. 市场规律：永远站在顾客那一端 95
4. 强劲增长：具有管理不确定性的能力 98
5. 组织心态：善于应对不确定的未来 101
6. 组织作用：做好员工赋能的平台 106

下篇　赋能系统，营造整体赋能管理环境

第六章　文化赋能：文化能激活个体，是一个企业的灵魂 111

1. 文化是企业凝聚人才的重要载体 113
2. 文化是让能犯错的人不想犯错，制度是让想犯错的人
   不敢犯错 117
3. 文化无形中对员工进行了赋能 121
4. 企业文化如何赋能 127
5. 企业文化对组织成员的影响 131
6. 文化赋能，需摒弃"度娘文化" 134
7. 优秀企业以文化凝聚人心 136

第七章　战略赋能：与员工分享战略意图，让员工做事
更有兴趣和激情 139

1. 战略定位，一切以有利于企业发展为目标 141
2. 战略赋能，战略到底是谁的事 146
3. 战略转型，建立新的商业规则 147
4. 战略设定，人才至关重要 151
5. 三分战略七分执行 158
6. 组织实现战略目标所需的人员能力 161
7. 战略评估当期人才和未来所需人才 164

第八章　会议赋能：会议的最终效果是让员工更有斗志 167

1. 会议不聚焦核心，都是在浪费时间 169
2. 把握好会议的方向 172
3. 走出会议室，是激情高涨还是垂头丧气 176

4. 跟风式发言的规避方法 180

5. 通过正向复盘会议，形成案例传播 183

后记 组织从管控到赋能，"稳健"才是企业成长的真谛 195

上 篇

从管控到赋能,新时代管理的基本逻辑

如何定义赋能？

赋：赋予；能：能量和能力。"赋能"可以简单地理解为一方赋予另一方能量和能力，使其能够从不能到能，促进其更有能力为双方共同的目标或共同的利益做出更大的贡献。

这个过程既可以是单向的，也可以是双向交互的。

赋能并不仅限于企业给员工赋能，也可以是给供应商赋能，给客户赋能，给产品赋能。另外，赋能也不仅限于管理赋能，更有资本赋能、产业赋能、文化赋能、大数据赋能、智能科技赋能等。

第一章

从管控到赋能：对传统管理方式的颠覆

为什么要从管控向赋能转变？

因为，这是时代发展的趋势：世界级企业纷纷调整管理方式，谷歌的人才管理、海尔的"人单合一"、华为的赋能供应链、阿里等从管控到赋能，都是对传统管理方式的颠覆。

1. 赋能——未来组织管理最重要的原则

我们正处在互联网技术改变世界、颠覆传统的新时代。这是一个更加开放的时代，这是一个"90后""00后"新生代主导消费的年代。在新的时代背景下，新的商业模式、新的组织模式已经悄然形成。置身其中，我们都将深受其影响。

个性化需求，导致个性化定制正取代同质化、大规模生产与销售模式。将一种定性的商品进行大规模、大批量生产和销售的B2C业务模式将走向消亡。

跨界竞争、跨界"打劫"盛行，行业之间相互渗透与颠覆，竞争无边界化，竞争对手泛化，比如小米从智能手机做起，战线一直延伸到智能电视、空调、净水机、拉杆箱、儿童玩具……

打造企业IP模式，正在替代传统的大投入、轰炸式的广告模式，精准、价值、情感等成为品牌与消费者沟通的关键词。

时代在发展，未来组织管理需要怎样的原则？

从管控到赋能，这就是组织新的战略思考方式，不过，如果没有组织的创新，它是不可能落地的。

移动互联网时代，其背后孕育着更深层次的变革：一端是用户的变化，另一端是企业组织的变化。用户的变化带来的是产品至上、服务为王、共生经济。场景变了，一切有趣的事情都在手机上发生；市场变了，更多的商机在浮现；商业和商业的法则也变了，一些企业终将没落，另一些企业注定要崛起，而这一切才刚刚开始。

在传统时代，成功企业的商业模式是从 1 到 N 的过程，也就是在现有的基础上，复制以前的经验和商业模式，扩张规模，通过竞争不断扩大自己的影响力；而在互联网时代，成功企业的商业模式却是从 0 到 1 创造市场的过程。

互联网时代的创业，一切都是颠覆与创新；互联网时代，创业者最大的标签就是创造。其核心是人的创造力。因此，在未来整个组织管理中，最重要的一条原则就是赋能，激活人的创造力。

2. 时代发展，世界级企业纷纷调整管理方式

在传统工业时代，你还可以慢慢地做一件事情，有了好产品再发布出去，今天，如果你的产品两三个月不被人所接受，可能就要"死"掉了。因为在移动互联网时代，生产者和消费者之间的界限被打破了，信息沟通的便捷性，使得传统的企业引导用户消费模式，已经变为用户引导企业创新的模式。

互联网的影响可以说是颠覆性的。所谓颠覆，来自互联网对传统信息不对称格局的彻底改写，由此带来以用户为代表的受众力量的崛起。今天，前所未有的信息传播方式和互动强度，使得用户的位置从商业价值链的末端转移到其前端，"用户驱动"正从过去先进企业的前沿理念变成如今所有触网企业生存的必要条件。

这就意味着，在移动互联网时代，企业组织更要贴近用户，不是从上往下，也不是平行关系，而是融为一体。过去的工程师可以闭门造车，现在的工程师必须面对用户，必须在微博、论坛、线下等渠道与用户"面对面"地沟通。

传统的组织管理，强调自下而上汇报，自上而下指挥，体现的是命令指挥链条的完整和规范。随着移动互联网的发展，传统组织结构的弊端日益显露：内部各自为政，决策效率低下，用户反馈机制不够灵活。这种低效率不是由于信息传播速度慢造成的，而是因为它需要由底层反馈，中层传导，高层进行决策，然后再原路返回，由底层执行。固化甚至僵化的指挥链条，使管理不能充分地发挥其时效性。

而在互联网条件下，用户成为中心，对用户需求及其变化的实时

响应，成为竞争取胜的一个关键因素。

正是由于响应时间的重要性，传统的信息向上汇总、指令向下传递的链条被彻底打破，代之而起的是每一局部的快速响应。指令者与客户的直接接触点越接近，越有可能在竞争中赢得先机。这就必然要求加强基层决策权，最终导致组织从传统的统一指挥转变成分布式的指挥，即直接服务于客户的部门与团队拥有最后的决定权。他们的决定要想落地实施，必须得到作为后盾的公司资源的支持，正如任正非所说的"让一线呼唤炮火支援"。这个时候，实际上是前方在掌握指挥棒，前方的实际需求在指挥后方的支援活动。

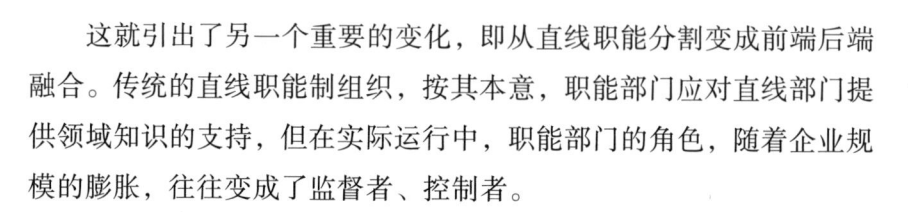

这就引出了另一个重要的变化，即从直线职能分割变成前端后端融合。传统的直线职能制组织，按其本意，职能部门应对直线部门提供领域知识的支持，但在实际运行中，职能部门的角色，随着企业规模的膨胀，往往变成了监督者、控制者。

其实，在职能部门看来，既要保持统一和规范，又要保持和发挥基层的活力，本就是一件不容易的事情，而在基层看来，他们的指令又有不少是脱离实际情况的，因而颇多微词。也许在传统组织中，大家还可以相互迁就着把日子过下去，但在高度动态、信息开放、实时响应、频繁互动的互联网环境中，传统的直线职能制组织已经走到了尽头。

那么，既然互联网可以让企业整合全球资源，为什么不能帮助企业整合后端所掌握的平台资源呢？既然前方指挥后方，何不打破前后方之间的藩篱，使得前后端之间高度融合，把未来的组织变成某种纵向前后端一体、横向打破各种现实和虚拟团队界限的新的网状组织呢？

在移动互联网时代，必然要求企业的组织结构要扁平化，每个部门要小巧且灵活。像小米公司，就把管理员工的权力从老板身上转移到了用户身上。

第一，小米没有KPI。这在传统企业看来是很不可思议的，即使在互联网公司也没有几家企业是不做绩效评估的。

第二，小米的管理层很少，七八个合伙人下面分别有个主管，管理着七八个小组，然后就是普通员工。不管你在别的公司做总监还是经理，到了小米都是工程师，级别都一样，表现好就加薪，但是没有晋升。也就是说，他们的管理异常扁平化，把职能拆分得很细。这也对合伙人的能力提出很高的要求，因为这意味着他们要管的事情很多。

第三，不开会，甚至做出的决策都不发邮件，有什么事情就在米聊群里解决，连报销都在米聊截个图就可以了。

对于传统行业而言，组织创新面临两大难题：一是原来由工业文明时代引进的组织形式已经失效了，但他们没有意识到；二是任何一个组织不管处于什么时代，随着时间的变化，组织必然会变得官僚、涣散和僵化。互联网时代，传统企业的组织结构需要凤凰涅槃才能重生。

因此，随着时代发展，世界级企业纷纷开始调整管理方式。拿国内的企业来说，就有海尔的"人单合一"、华为的赋能供应链等。

（1）海尔"人单合一"

"人单合一"是张瑞敏提出的一种创新商业模式。"人单合一"不是传统意义上的组织方式和业务模式，而是顺应互联网时代"零距离""去中心化""去中介化"的时代特征，从企业、员工、用户三个维度进行战略定位、组织变革、资源配置颠覆、动态变革等，不断形成并迭代演进的互联网企业创新模式。

从2005年9月张瑞敏提出"人单合一"模式开始，海尔进行了长达十余年的探索之路。"人单合一"中，"人"是指员工；"单"是指用户价值；"合一"是指员工的价值实现与所创造的用户价值合一。

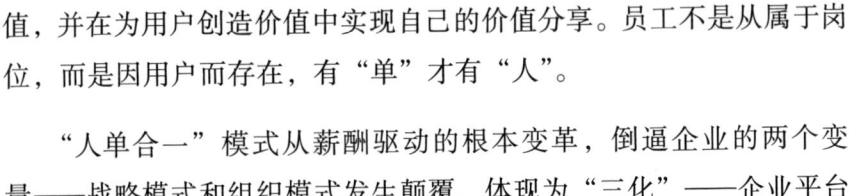

"人单合一"的本质在于，每个员工都应直接面对用户，创造用户价值，并在为用户创造价值中实现自己的价值分享。员工不是从属于岗位，而是因用户而存在，有"单"才有"人"。

"人单合一"模式从薪酬驱动的根本变革，倒逼企业的两个变量——战略模式和组织模式发生颠覆，体现为"三化"——企业平台化、员工创客化、用户个性化。

所谓企业平台化，就是企业从传统的科层制组织颠覆为共创共赢的平台；员工创客化，即员工从被动接受指令的执行者颠覆为主动为用户创造价值的创客和动态合伙人；用户个性化，即用户从购买者颠覆为全流程最佳体验的参与者，从顾客转化为交互的用户资源。

海尔商业模式的颠覆，同时也颠覆了企业、员工、用户之间的关系。在传统模式下，用户听员工的，员工听企业的；在新模式下，企业听员工的，员工听客户的。战略转型与组织重构，带来的是海尔整个商业模式的重建——从管控到赋能的创新商业模式。

（2）华为赋能供应链

市场体量不断增大，渠道规模不断扩充之时，也是华为激发渠道能力的最佳阶段。显然，华为作为"被集成"的对象，就像合作生态系统的培训师，承载了合作供应商伙伴的升级及业务护航的责任。

华为认为，通过赋能供应链强化合作伙伴关系，要比仅仅从产品功能、合作交互形成的关系更加紧密和持久。因为赋能是一个持续不断的过程，华为必须保证从渠道招募、培训赋能、业务适配、市场拓展及企业管理等一系列建设中为供应链提供具有价值含量的能量。

那么，华为是如何为供应链赋能的呢？

华为业务赋能全覆盖"4+1"合作伙伴生态圈——智慧城市、联合解决方案、云上生态、分销合作以及优选合作伙伴（OC计划），形成多点立体的能力培养系统。而在落地上，华为企业BG中国区的布

局则是通过华为合作伙伴大学、联合创新中心、OpenLab 等多种方式为合作伙伴开放相应的技术与资源。

作为合作伙伴培训、赋能的总接口部门，华为合作伙伴大学致力于对合作伙伴进行分层分级的精准化赋能以及整个生态圈的建设，把打造系统化的售前、售后、财务、商务、供应链等经验能力体系作为发展重点。这对于合作伙伴而言极富战略价值，他们能够在如此专业的平台上实现能力互通，华为合作伙伴大学可谓是其触手可及的"能量加油站"。

除此之外，华为生态圈中还包含着大量针对合作伙伴不同角色的精准支持，让合作共赢的理念渗透到每家合作伙伴的业务"基因"中。

3. 现实困局：新生代员工不惧权威，抗拒约束和管控

没有一种管理模式可以适用于任何时代的员工，当传统的管理模式不能有效管理新生代员工时，管理者要做的不是抱怨，而是转变观念，然后结合新生代员工的特点寻找新的管理模式。

当"80后""90后"员工在企业从少数派变成主力军后，管理者逐渐发现传统的管理模式难以规范、约束和改造他们。许多过去有效的管理方法现在失灵了，一些经验丰富的管理者也感到力不从心了。海信集团副总裁王志浩在接受记者采访时说："要管理好'90后'员工，想用传统的人力资源管理模式去规范、约束和改造他们，我觉得的确很难。"

事实上每一代员工都有其自身的问题，"70后"刚踏入职场时，老员工对他们的做事方式同样也颇有微词，只是"80后""90后"进入职场之后，这种问题表现得更加鲜明、更加集中而已。对管理者来说，与其抱怨新生代员工难以管理，倒不如顺势转变管理理念，寻求新型的管理模式以适应新生代员工管理。

过去的管理模式可能是对的，因为以前的员工任劳任怨、刻苦耐劳，但用以前的管理模式来管理"80后""90后"，就不适合了。时代环境造就了他们有着与前辈不同的人格特质，因此，对待新生代员工，管理者不能"一刀切"，应该根据他们的特点和需求，有针对性地采取不同的管理方式和领导风格。我们都知道，新生代员工思想活跃，讲究个性，不拘细节，不喜欢人云亦云，不甘当工具，讨厌被约

束、控制和指挥，非常渴望被尊重和被理解。这些特点，多数是积极的，应加以正确利用。新生代员工思想活跃，讲究个性，主管就要营造一种氛围，给他们自由发挥的余地，让他们各抒己见，鼓励他们贡献自己的创见和创意，自己寻找解决问题的方法，并引导到企业所需的方向；他们不喜欢控制和指挥，企业就要用指导、引导和协商代替控制和指挥……

其实，这就是给新生代员工赋能。虽然新生代员工不惧权威，抗拒约束和管控，但不管怎样，他们已经成了企业的主力军，如果企业的管理模式不变，就会失去人才。

我给一家美业连锁企业做顾问时，有一个员工跟管理者发生了几句言语冲突，之后递交了辞职报告。管理者对此并没有引起足够的重视，迟迟没有找其沟通，甚至觉得不懂得尊重自己的员工，离开也没有什么好可惜的。结果引发负面情绪蔓延和传染，导致人员集体递交辞职报告，管理者这个时候才开始着急，想尽各种办法去阻止员工离职，非常被动。

这是很多企业真实的写照，写辞职信的员工还算有一定的职业素养，按照套路出牌，最怕的是一转身就走了，工资都不要了，如果此时管理者还高高在上的话，那就很容易成了"孤家寡人"。

4. 创新需要：传统的管控式 KPI 考核已不合时宜

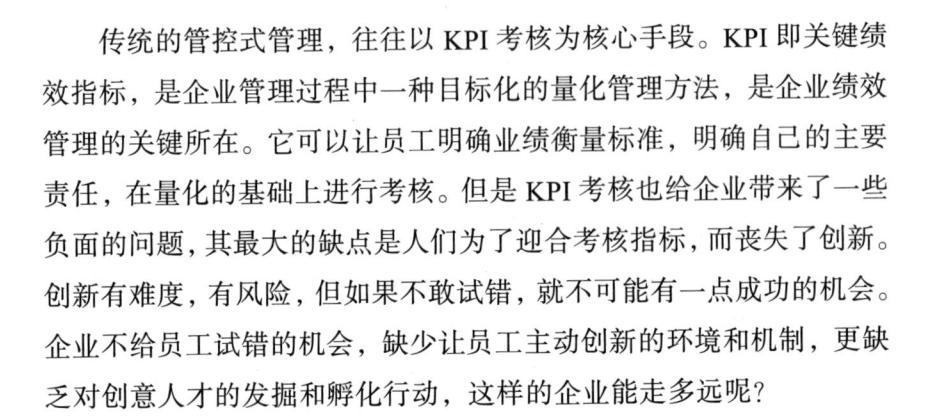

传统的管控式管理，往往以 KPI 考核为核心手段。KPI 即关键绩效指标，是企业管理过程中一种目标化的量化管理方法，是企业绩效管理的关键所在。它可以让员工明确业绩衡量标准，明确自己的主要责任，在量化的基础上进行考核。但是 KPI 考核也给企业带来了一些负面的问题，其最大的缺点是人们为了迎合考核指标，而丧失了创新。创新有难度，有风险，但如果不敢试错，就不可能有一点成功的机会。企业不给员工试错的机会，缺少让员工主动创新的环境和机制，更缺乏对创意人才的发掘和孵化行动，这样的企业能走多远呢？

在如今的互联网时代，用户和生产者之间的界限被打破。过去的工程师大都是闭门造车，而今天的工程师必须走近用户、贴近用户。为了适应这一变化，小米公司的管理权就慢慢地从员工转移到了用户身上。用户体验是考验一切的前提。小米公司正是基于此，去除了 KPI 的考核制度，让员工将全部精力都放在用户体验上。做好了用户体验，公司也就能够建立广泛的用户群，能够得到更高的收益。

所以，新员工一进来，小米就要去除他们脑子中的 KPI 观念。

每一次招聘客服主管时，小米高层都会找他们谈话，交换对客服工作的看法。这些人在以前的工作中干得很好，经历过成熟的 KPI 考核制度。但是，在小米，管理人员却让他们忘掉之前的条条框框，不需要记录自己的工单数（管理人员向生产者下发的指令单据），不需要计算接起率（接起电话的概率），更不需要记录接通多少电话等。

正如小米前副总裁黎万强所说："在小米，客服也要忘记 KPI。我们只是把 KPI 当作一种辅助的参考，真正重要的是'和客户做朋友'，发自内心地去服务好用户比什么都重要。"

小米给予客服人员充分的信任，并且放权给他们，在回答客户的问题时，可以不用向主管申请，直接送给客户一些本公司的小礼物。每个人都有自主判断的权力，只要员工认为可以送，那么就可以直接送出。小米的内部系统也只会对此进行简单的记录，而不会深究他们送礼物的理由等。

这就是小米对一线服务人员充分信任的体现。在黎万强看来，越是给予他们信任，给予他们权限，他们做起工作来才会越谨慎。

小米员工的薪酬要比业内同行高出 20%左右；工作的卡位也要比其他企业大很多；有专项的资金，员工可以根据自己的意愿，设计自己的工作卡位，而且办公椅都价值不菲；工作半年以上，有良好表现的人，就能够得到小米公司的期权；公司还建立有米粒学院，对员工进行专业培训。

小米制定的这些措施，都给予了员工极大的自由，让员工在小米有归属感，让每一个员工都能发自内心地热爱自己的工作。

小米没有 KPI 制度，小米用户的体验满意度就是小米内部的"KPI"。也就是说，在小米，没人会关心你完成了多少任务，而是关心用户对你研发产品的满意度，考察你为用户体验做了多少贡献，将用户体验之后的反馈当作对员工进行考核的重点。

除了小米公司外，1 号店也是采用的这种方法。为此，他们还专门聘请了第三方公司为产品做调研。每一个员工的月酬金都是和用户体验指标挂钩的。如果客户的体验满意度上升了，那么员工的薪酬也会随之增加。这样一来，员工服务客户的热情上涨了，工作的激情也就提高了。

如果用户体验很差，就算整个团队投入再大的精力，也是没有任何回报的。所以，这就要求我们在做产品的时候，一定要全方位地、系统性地进行思考，了解用户需求。由此所做出的产品，才能够有利于用户体验值的提升。

小米公司主张将别人的事情当作第一等事情，强调员工的责任感。比如说，一个员工的工作完成了，就需要让其他的工程师检查一下。而接到这个任务的工程师，就必须要放下手头上的工作，第一时间进行检查。其他公司要求的是技术，而在小米，要求的是做事的责任感和用户价值。

所以，我们要向小米学习，打破传统的 KPI 制度，用小米做产品的思维去做服务，用小米管理员工的思维去做管理。只有提升了整个员工体系的热情，才能够驱动整个企业的发展。

5. 从谷歌看如何运营赋能

不仅中国的互联网企业如阿里巴巴、小米等，组织管理的重点开始从管控向赋能转型，而且国外的先进互联网企业也在分享更多运营赋能的经验，例如，谷歌的 CEO 写了一本书——《重新定义公司》，解释了谷歌内部整个的运营机制。

1998 年，谢尔盖和拉里创建了谷歌公司，当时两人并没有接受过任何商业方面的正式培训，也没有任何相关经验。但他们并没有把这一点当作负担，反而觉得是一种优势。

谷歌公司最初设立在斯坦福大学的学生寝室中，后搬到苏·沃西基在门洛帕克的车库，之后又先后移师帕洛阿尔托和山景城。其间，两位创始人一直秉承着几条基本原则，其中首要的就是聚焦用户。两人觉得，如果谷歌能提供优质服务，那么资金问题就能迎刃而解；如果两人一心专注于打造全球最棒的搜索引擎，那么成功就是迟早的事。

谢尔盖和拉里创造出一款伟大的搜索引擎并提供其他优质服务的计划其实非常简单：尽可能多地聘请有才华的软件工程师，给他们自由发挥的空间。对于一家诞生于大学实验室的企业而言，这样的做法无可厚非，因为在学校环境中，人才是最为珍贵的资产。多数企业都声称"员工即一切"，但谢尔盖和拉里在公司运营中真正地践行了这句话。

这种做法并非是为企业拉大旗，也不是出于利他主义。之所以这样做，是因为他们觉得，要让谷歌茁壮发展并实现看似遥不可及的雄心壮志，只能吸引和依靠最为顶尖的工程师。而且，两人认定非工程师不招。时至今日，谷歌的员工（也就是谷歌人）中至少要有一半是工程师。

两位创始人对谷歌的管理方式也很简单。在斯坦福大学时，计算机科学实验室的教授不会规定论文和项目的内容，只是给予指导和建议。同样，谢尔盖和拉里也给予员工很大的发挥空间，通过沟通让大家齐心协力向同一个大方向前进。

两位创始人在工作方式上并不会多加干预。多年以来，谷歌管理公司资源的首选工具竟然只是一张电子表格，这张表格上列着谷歌最重要的100个项目，以供大家浏览并在半个季度一次的会议上讨论。这些半季度会议用来进行公司近况沟通、资源分配和头脑风暴。如果有更重要的想法出现，工程师们就会整理出思路，对表格做出调整。

以上就是谷歌运营赋能的模式。

虽然未来组织会演变成什么样子，现在很难看得清楚，但是未来组织的原则已经越来越清晰，那就是赋能将会取代传统的管理与激励。

6. 管控和赋能到底有什么不同

管控和赋能到底有什么不同？

举一个大家非常熟悉的例子，管理理论一般都会强调，一个人的管理半径不超过 7 个人，也就是说，向他直接汇报的员工不应该超过 7 个人。但是，在谷歌，直接汇报的人常常有二十几个，甚至三四十个，为什么会有这样反传统的安排呢？

其实，这种安排背后的逻辑就是赋能。

领导者提供知识上的支持，提供各种资源，来帮助自己的下属取得更好的业绩。领导者的目的不是管控，所以领导者完全不管管理半径这样的情况存在。

当谷歌理解了背后组织原则的不同，后来就有意让一个人有更多的汇报线，打破他们管理的半径，逼着他们适应一种全新的运营模式，这就是谷歌的赋能运营模式。

如何理解赋能这个全新的概念呢？这要从区分管控和赋能的不同开始。

首先，管控中的激励，偏向于事情结束之后的利益分享，而赋能强调激起创造者的兴趣与动力，给他适当的挑战。

只有员工喜欢的、发自内心的兴趣才能激发持续的创造力，而不是命令他们。因此，赋能型组织的职能，不再是分配任务和监工，而是发挥员工的专长、兴趣，使其和客户的需求更好地匹配。

这往往需要员工更多的自主性、流动性和更灵活的组织。与其说我们雇佣了员工，不如说员工使用了组织的公共服务，两者发生了根本的颠覆。

其次，赋能比激励更需要依赖文化。只有企业文化，才能让志同道合的人走在一起。创造者再也不用传统的方法去激励和考核，而公司文化氛围本身就是一种激励。

本质上，他们都是自驱动、自组织的，对企业文化非常认同。为了享受适合自己的企业文化，这些创造者愿意付出、拥护和共同创造。一个和他们的价值观、使命感相吻合的企业文化，才能让他们慕名而来聚集在一起，奋发进取，并将组织的核心功能演变成价值观和文化氛围的营造。

最后，赋能强调组织本身的设计、人与人的互动，而激励往往是聚焦于个人。

随着互联网技术的发展，组织内部人与人之间的关系更加紧密。因此，组织内部人与人之间的互动机制设计，对于组织的有效性远远大于对于个体的激励机制。

比如，全球知名的谷歌免费服务，不仅提高了员工生产力，还增加了他们互动和共创的可能性。再比如，谷歌员工到餐厅等待的时间一般是控制在 4 分钟内，这个时间可以让人简单地进行寒暄和交流，如果大于 4 分钟，大家可能就会拿出手机做自己的事情了。

创造的本质在于难以规划，只有提供给员工他们各自独立时无法得到的资源和环境，让他们之间充分互动，得到更多思路碰撞的机会，才能创造出更大的价值。

所以，促进协调机制，是未来赋能型组织创新的重要领域。

7. 互联网时代，自激励是创造者的特征

互联网时代，也是一个创造力革命的时代。

创造者最大的驱动力，来自创造带来的成就感和社会价值的认同，自激励是创造者的特征。

这和传统的体力劳动者，甚至一般的知识型脑力劳动者有根本的不同。他们最需要的不是激励，而是赋能，也就是提供给自激励创造者更高效的创造环境和工具。

以科层制为特征、以管理为核心职能的公司面临着前所未有的挑战，未来的组织最重要的职能是提高创造力成功的概率，而赋能创造者是达到这一目标的唯一方法。

2011 年 8 月 16 日，小米发布了第一款手机，而小米成立的时间是 2010 年 4 月 6 日，仅仅用一年零四个月的时间，小米就发布了一款性价比极高的智能手机。事实上，小米能有这么快的速度，离不开其超豪华的创业团队——七人联合创始人团队。

小米创始人团队的这七个人，都各有所长，并且他们都是业界的精英。他们都是来自谷歌、微软等知名企业的工程师，愿意以较低的工资待遇加入一个刚刚成立的公司，并承受"996"的工作压力——"996"，就是早上 9 点上班，晚上 9 点下班，一周 6 天工作，这是不少互联网公司基本的工作状态。

其中最重要的原因，在于他们能够真切地感受到他们自己在创造一个全新的产品，在改变这个世界。这种自激励和自驱动的工作氛围，让小米在短短几年的发展过程中，能够面对巨大的挑战，并创造了无数奇迹。

8. 从激活个体到激活组织

随着互联网、大数据、人工智能的发展，人类未来的大部分工作都可能被机器人所替代，但是唯一不能被替代的就是人的创造力。因此，管理者的职能就是如何赋能，激活个体，并激活组织的创造力。

有专家指出，管理未来最大的问题，就是如何赋能并激活人的创造力。管理者要做到赋能，并激活员工和组织，首先必须转变以传统管控为主的管理方式，因为在当今时代，管控已经过时，现在管理者不仅要给员工一个岗位，还要给他一个平台和机会，让他能够真正创造价值。

从激活个体到激活组织，要和谐小家，贡献大家。让员工有安全感，让用户有信任感，让企业在社会上有尊严感。

员工跟着你三年五年甚至十年八年，你是把他当作赚钱的工具，还是把他当成家里面的兄弟姐妹，出发点不一样，最后得到的结果肯定也不一样。如果把他当作家里边的兄弟姐妹，就要对他负责任，让他能拿到每个月应得的工资，到年末能拿到一定的奖金、报酬，这样员工跟着你才有安全感。

让用户有信任感，就是你的产品卖出去之后，用户放不放心，省不省心。只有让用户有了信任感，企业才能在社会当中得到尊严感。

企业的责任是发展，而发展离不开领导人的眼光。

领导人是否具备长远的眼光，对公司的发展意义重大。俗话说："看得远才能走得远。"如果说企业领导只能看到眼前一点点的利益，那他就无法带领公司往更高的方向发展。他极有可能会被眼前的一点点成就所蒙蔽，从而产生自满的心理。

只有那些目光高远的人才能发现公司存在的问题，而不会被暂时的美好景象所蒙蔽。杰克·韦尔奇在出任通用电气 CEO 的时候，分析家普遍认为，通用电气是一个资金雄厚而沉着冷静的制造商，正在以与国民生产总值一样的增长速度成长着。但韦尔奇并不这么认为，在他看来，通用电气存在着许多隐疾，必须大刀阔斧地变革才能消除这些隐疾。他很快就宣布通用电气必须对自身进行彻底变革，使公司走上了动荡不定的变革之旅。

在"数一数二"的战略指导下，韦尔奇开始对通用电气进行较大范围的重组，他将市场份额在国际上排名不是数一数二、没有提供较多的全球增长机会的业务，进行了"调整、关闭或出售"。在实施这个战略的过程中，通用电气出售了总价值为 150 亿美元资产，包括家用电器和矿业运营在内的 400 个业务和产品线，收购了总价值为 260 亿美元的 600 个其他业务。到 1988 年，通用电气重组成 14 个高科技和服务业务。

韦尔奇的变革，让通用电气爆发出了更大的活力。而韦尔奇也因为带领通用电气创造出了更大更好的业绩，被看作是世界上最优秀的职业经理人之一。

显然，韦尔奇就是一个目光高远的人。他不会因为公司目前看上去"还不错"就掉以轻心，而是敏锐地发现了公司存在的各种问题。从根本上来说，他之所以能发现这些问题，就在于他看得远，对公司有一个更高的期望目标。

第二章

管理变革：如何赋能并激活员工的创造力

根据马斯洛需求层次理论，人类的需求就像阶梯一样，从低到高分为五层——生理需求、安全需求、社交需求、尊重需求和自我实现需求。就传统人力资源管理而言，身在知识密集型组织中，每一个个体更加看重社交需求和尊重需求，甚至自我实现需求。能够比较好地了解员工需求，是确保企业有针对性地推行激励制度的前提。

事实上，员工需求与劳动力市场变革息息相关。尤其是新生代员工对物质的追求更加直接和现实，他们更加关注工作和生活的平衡，并不把工作视为生活的全部，所以对组织的依赖度和忠诚度普遍降低，这对传统人力资源管理模式造成的影响显然是颠覆性的。同时，互联网技术的发展，对员工工作行为也产生了显著影响，并且持续改变着传统社会的一些运行规则，包括人力资源管理的规则。因此，企业要想实现自身健康长远的发展，就要让员工个体实现从管控到赋能的转变。

1. 未来机器人可代替人的工作，但缺乏创造力

随着科技发展日新月异，人们的生活水平也在不断提高，而且很多事情都不用我们亲自动手了，因为各种机器代替了人力，比如洗衣机、扫地机器人等。人工智能的加入，使很多原先不可能的事情变成了可能。

那么，机器人可以完全代替人类工作吗？未来机器人无法取代的工作又是什么呢？

根据美国劳工局预测，未来十年，市场分析师、软件工程师等职业具有很好的增长前景，但是综合增长率、年薪、人口老龄化等一系列问题的存在，使得护理行业的护士将会成为高需求和高薪职业。

目前，医疗机构护理人员短缺，科学家开发出各种各样的机器人想帮助医院来缓解人手不足的问题。但是，拥有出色的"社会智能"、能够与病人建立信赖关系的护士在短期内不可能被机器人所取代。

同样，来自牛津大学的研究表明，最不可能被机器人取代的人类职业，要么需要创造力，比如作家、作曲家、画家；要么需要专家意见及操作的，如外科医生；要么需要出色的"社会智能"，比如小学老师、中学老师等。

未来机器人可替代的工作，往往是那种技术要求不高的岗位，如电话营销专员、房地产经纪人等。

2. 赋能管理体系：管理者要用赋能激活员工

现代管理学大师彼得·德鲁克说过："下一个社会将是知识社会，知识会成为社会的关键资源，知识工作者将成为主要的劳动力。"而人类从 20 世纪 90 年代开始提出知识经济的概念，此后网络经济、共享经济、智能经济等一系列新概念接踵出现，这让我们不得不承认，人类知识社会已经悄然来临。

那么，知识时代，企业的人才该如何管理？企业又该如何留住人才？

传统的管控已经过时，企业面临管理变革。机械、重复的工作将会被机器人取代，而赋能的创造性工作是机器人无法替代的。这就意味着，管理者必须要学会用赋能来激活员工。

人才是 21 世纪最有价值的资源。人才只有被利用起来，才能实现人才价值。人才的作用只有得到良好发挥，才能促进企业的发展、强盛和振兴。

我们知道，"企"字是由一个"人"字和一个"止"字组成的，如果没有了"人"，企业就到此为"止"了。商业社会，企业竞争归根结底就是人才的竞争。拥有比竞争对手更优秀、更忠诚、更有主动性与创造力的人才是企业决胜的关键。那么，企业管理者应该如何增强自身的人才竞争力呢？

人才的获得有两个途径：一是从外部引进人才，二是培育"家里"的人才。引进人才的措施有：开拓招聘渠道，从多渠道网罗人才；给人才戴上一副"金手铐"，以期权计划吸引人才；给人才建立起完整

的职业规划，以远景吸引人才；以有竞争力的薪酬吸引人才；把握人才真正需求，制定对应的激励措施。而培育现有人才的第一步是要清楚地辨识关键人才，然后在企业建立起健全的培育机制，另外还需要企业家舍得投资。

小米创业之初，雷军大旗一挥，就召集到了谷歌、微软、摩托罗拉、金山几个公司的顶尖人才，组成了超豪华的创始人团队。随着小米的发展，业内的更多人才前仆后继地汇集过来。据统计，小米有一半以上的人来自谷歌、微软和金山，他们的平均年龄为 32 岁，大部分都是本科毕业 10 年或研究生毕业 7 年左右，他们个个都是有经验又依然保持着冲劲的年轻人才。

那么，到底建立怎样的环境才能吸引、留住、用好人才，给各类人才戴上一副"金手铐"呢？

（1）赋能管理：树立"以人为本"的思想

从物质层面、制度层面和精神层面入手，在日常管理中做到以人为本，理解人、尊重人、关怀人，充分信任人才、关心人才疾苦、为各类人才排忧解难等。

从细节入手，在人与人、人与单位之间建立起深厚的感情，从而使各类人才真正获得一种归属感，使其不愿轻易离开。

（2）从管控到赋能：发挥激励机制

随着全球经济一体化进程的加快，各类人才短缺的情况在加剧，传统的以"管、压"等办法堵住人才外流已收效甚微。因此，企业也要根据人才的差异化需求，制定适当的激励政策，采取物质激励与精神激励的方式，切实发挥激励机制的效能。

（3）给员工赋能：重视与各类人才沟通

首先，良好的沟通可以帮助企业及时了解人才的思想动态和相关

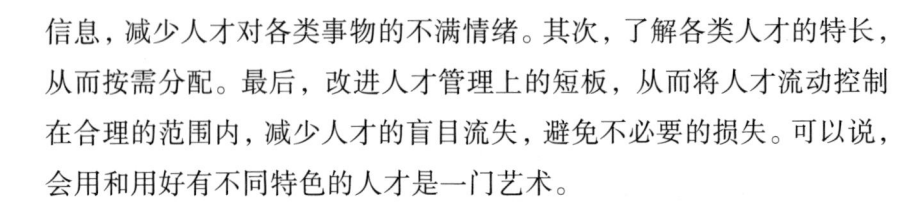

信息，减少人才对各类事物的不满情绪。其次，了解各类人才的特长，从而按需分配。最后，改进人才管理上的短板，从而将人才流动控制在合理的范围内，减少人才的盲目流失，避免不必要的损失。可以说，会用和用好有不同特色的人才是一门艺术。

（4）为各类人才提供必要的发展空间和成长机会

当今，随着社会物质生活水平的普遍提高，追求自身价值的人越来越多，发展空间和成长机会成为人们在选择职业时的一个重要的考量因素。企业要想留下优秀员工，必须为他们提供成长和发展的空间，这就要求管理者要树立长远发展目标，并将其与各类人才紧密联系，使他们能够清楚自己所处的位置和"责任田"发展的机会，为之提供并创造良好的发展环境。

（5）建立人才流失预警机制

制定实施人才流失预警机制具有强烈的现实意义。可以通过调查、统计和分析等方式，及时监测并解决人才管理中的开发、结构、环境等问题，从而防止潜在的人才流失。

3. 赋能管理体系：让员工从胜任到创造

我们知道，教育一般可分为学校教育和社会教育。社会教育，特别是企业教育，其实是学校教育的一个延伸。

学校教育往往重视理论学习，而缺乏实践锻炼的机会，这使得刚从学校走入社会的"天之骄子"们满足不了社会竞争的需求，进入企业往往都要从零开始，这就需要企业对他们进行再教育。

有很多企业不惜花巨资引进先进的机器设备、引进人才优化流程、强化产品开发，但是在此过程中，如果忽视人的思想教育，就会导致员工素质跟不上，最后业绩下滑，机器设备闲置在那里甚至布满灰尘。

所以，真正想使企业得到长久发展，首先还是要搞定人，要对员工赋能，对在职员工进行长期有效的系统培训，对刚刚离开学校走向工作岗位的新人实行再教育，只有这样，企业配置的硬件、流程和投入的资金才能真正发挥最大化效应。

员工从岗位胜任到创造，就是人的培养与硬件设备的匹配过程。一个人在工作上要想取得好的成就，除了拥有工作所必需的知识、技能外，更重要的是取决于其深藏在大脑中的人格特质、动机及价值观等。

人力资源管理的定位是确保企业拥有优秀的个人、组织和文化（见图2-1），而素质模型为招聘、培训和职业发展等人力资源体系的建立提供了平台，如图2-2所示。

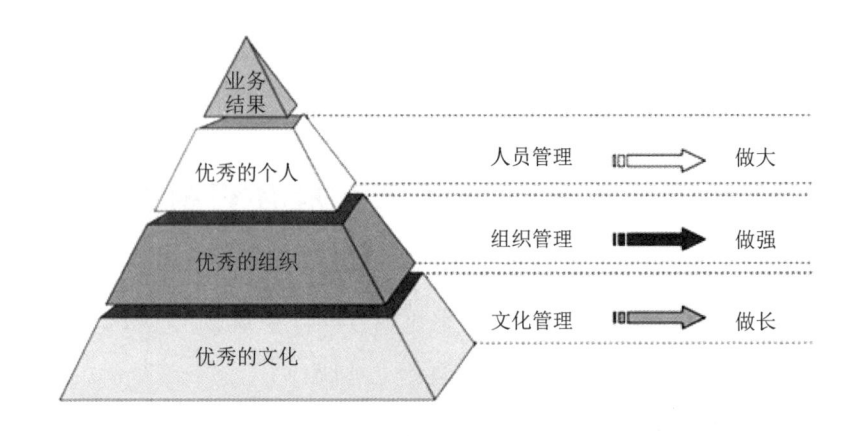

图 2-1　人力资源管理的定位

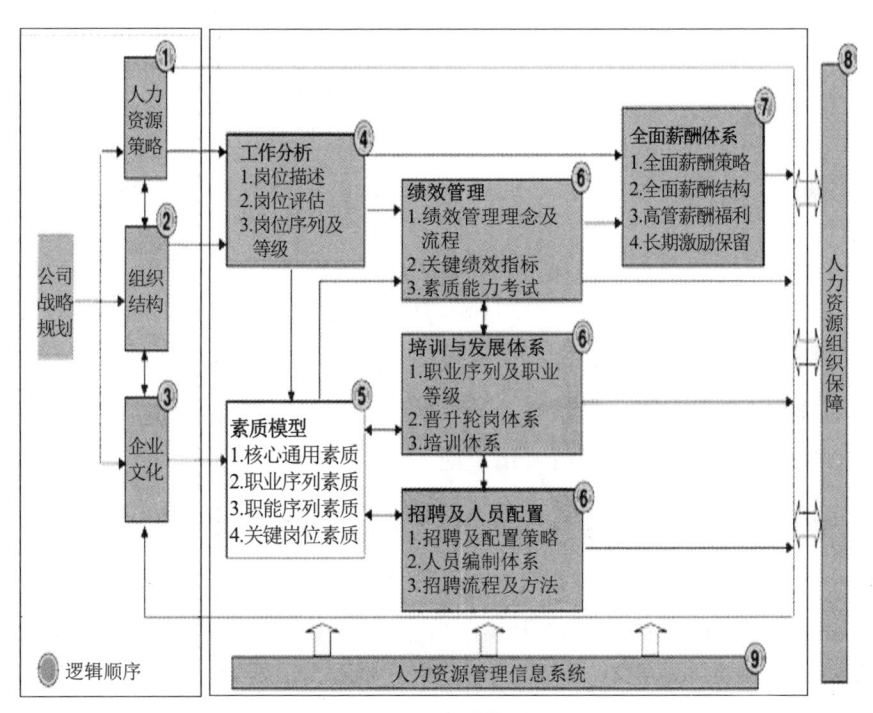

图 2-2　素质模型

4. 不仅是给员工一个岗位，更是给他一个平台和机会

赋能管理，不仅是给员工一个岗位，更是给他一个平台和机会。就在我们最熟悉不过的服务行业，海底捞在员工赋能管理上面为我们做出了榜样。

海底捞采取了企业再教育的赋能模式，为员工找到了自己的人生梦想。它的员工流失率很低，只有10%，远低于同行业的其他企业。不仅如此，很多竞争对手用高薪挖它的服务员，也大多遭到了拒绝。下边的一段对话，足以说明海底捞的员工十分忠诚。

顾客问一个女服务员："看你工作这么努力，你一个月的工资是多少？"

服务员回答说："工资不重要，关键是开心。"

她的回答让顾客更加感兴趣了，于是他问道："那如果我给你在现在的工资基础上再加1000元的话，你愿不愿意到我那儿去干啊？"

服务员干脆地回答说："还有两个月我就能晋升为一级员工了，马上就可以把我的父母接来了，可以带他们去爬长城，还可以有两天的假……"

从这个简单的对话里，我们能够看出，海底捞的员工之所以忠诚，并不是因为他们的工资很高，也不是因为他们的福利待遇有多好，而是因为海底捞能够帮助他们实现梦想——这就是企业在教育上对员工的赋能，不仅是给员工一个岗位，更是给他一个机会和平台。

很多企业的管理者认为，只要给员工提供较高的工资和较好的福利待遇，就能提升员工的忠诚度。这个观点在一定程度上来讲是正确的，因为物质刺激确实可以在一定的时间范围内激发员工的热情，使他们忠诚于自己的工作。海底捞的员工之所以很忠诚，与他们得到比一般的餐饮企业更好的福利待遇有关。但是，我们还要注意到，员工对金钱的欲望是无穷尽的，而每个企业由于自身的经营成本受控，势必无法满足每个员工的物质需求。此外，较高的福利待遇和工资水平，并不能改变服务员地位低的现实。所以，即便有餐饮企业给服务员较高的工资，很多人也不愿意去干这份职业。

有人认为，海底捞给予员工较好的福利水平，并且打造一种类似于家庭的工作氛围，这是它的员工忠诚的关键原因。其实不然。尽管情感沟通很重要，海底捞的亲情文化也很吸引人，但是，这些依然无法改变服务员地位低的现实。因此，海底捞把员工当成家里人给予关爱，并不是员工忠诚的本质原因。

海底捞的员工之所以忠诚，最关键的原因是海底捞给员工赋能——帮助员工实现梦想。海底捞倡导一种双手改变命运的文化。从前面女服务员与顾客的对话中，我们就可以看出，海底捞双手改变命运的文化已经深入人心。也就是说，几乎它的每一个员工都相信，在海底捞工作可以实现自己的梦想，改变自己的命运。

海底捞创建了一个平台，给了每一个渴望成功的人成功的机会。在市场竞争日趋激烈的情况下，很多公司在招聘员工的时候，都强调高学历和相关的从业经验，甚至一些低端的餐饮行业对其从业人员也有很高的限制，比如要有初中或者高中学历，身高要达到某个高度，还要有从事餐饮的经验，等等。而海底捞招聘员工的时候，对学历、经验和各种条件均无限制，它这样做就是为那些出身贫苦、无学历、无经验的人提供机会。

我们知道，企业在招聘人才的时候做出各种条件限制，能够使它更方便地直接选拔优秀的人才。但是，这样做也会使社会上一些原本很优秀但条件一般的人，失去为公司效力的机会。

这些人之所以没有成功，并不是因为他们能力不行，而是由于各种原因，迟迟得不到成功的机会。事实上，他们不仅有很高的潜力，而且有强烈的改变命运的愿望。一般来说，他们在进入公司之后，更容易被塑造，从而认同公司的文化。一旦认同了公司的文化，他们就会把成功的愿望变成积极工作的信念，而企业再教育的目的就是发掘员工潜力，塑造高素质员工队伍。

5. 赋能管理的核心是要做好五件事情

如果说管控代表管理的过去，那么赋能就是管理的未来。笔者认为，管理的未来最大的问题就是赋能以激活人，正如海底捞对于员工的赋能。因为在未来，可标准、可量化、可考核的部分，都可以用机器人来代替人工，唯一不能代替的就是人的创造力。

我们做管理，首先要问自己这样一个问题：如何让人更有价值？

如果我们自己都不能回答这个问题，那么管理这个工作也可以被替代。所以管理者要不断地问自己：我们能创造什么价值？在未来的组织管理中，最核心的价值是什么？其实，这两个问题的答案，就是我们如何给员工赋能和激活员工。

我们过去搞管理，就是做管控，而现在我们讨论的，则是如何从管控到赋能。

当下有很多人都在讨论互联网下半场，其实互联网下半场根本改变的有两样东西：第一，通过上半场我们拥有了大量的客户，在下半场我们要把用户变成顾客；第二，互联网下半场的核心就是效率，高效率淘汰低效率，因此我们需要更加精准地赋能，从而减少损耗。

在互联网下半场，企业的核心竞争力就是如何把用户变成顾客，以及如何赋能管理从而提高效率。既然效率是最重要的，那么我们就必须解决一件重要的事情——人浮于事和虚假繁忙。

为此，我们的管理需要做好两件事情，第一是要让所有人有责任意识，第二是真正理解权力和利益的区分。管理的本质一定是回归到以人为本。因此，我们要做的只能是赋能，而不能是管控。

赋能，最重要的就是让所有员工，从数据到信息、到知识、到智慧，彼此之间要有一个交互，当大家进行交互的时候，赋能才有可能完成。所以在这个数字化的时代，核心就是给员工创造平台和机会，而不是仅仅给他一个岗位。

今天的赋能管理或者赋能管理体系，其核心其实就是要做好五件事情。

第一，高层管理者一定要给员工上课，而且必须通过上课达成共识，你的员工一定要有机会去分享；

第二，打造一个让信息透明、让授权成为可能的系统；

第三，设置更多的岗位激发大家；

第四，建立有效的沟通机制；

第五，做到上下同欲。

未来的组织平台如果能够做到以上五点，那么我们的管理就不是管控或者命令式的了，而是转变为赋能和授权。

6. 从胜任力到创造力：如何给员工设计角色

未来管理除了从管控到赋能转变之外，还有一个重要的问题，就是如何让员工从胜任到创造，这也是企业人力资源管理的巨大挑战。

这时候你的组织方式要改变，从胜任力到创造力，企业最重要的工作，就是给员工设计角色。互联网企业与传统企业有着本质的不同，传统企业不舍得给员工设计角色，而互联网企业却很愿意给员工设计角色，他们会编出一堆角色给员工，这个首席，那个也是首席，而这些头衔的作用，并不是让员工想着如何当好管理者，而是一心一意守住首席员工这个角色，努力地工作。

所以，企业要设计更多的角色给员工，让更多的员工参与进来，如果没有角色给他们，他们就没有成长的机会。一定要记住这一点：无论什么教育和培训，都不能使一个人成长，只有给他一个具体的角色和责任，他才会真正成长起来。

因此，赋能管理，领导者首先要成为一个"无为"管理者，就像《道德经》中所说的无为而治——是老子对君王的告诫，不与民争。

老子认为："我无为，而民自化；我好静，而民自正；我无事，而民自富；我无欲，而民自朴。"而且强调"无为无不为"。

可见，无为而治并不是什么也不做，而是不过多地干预，充分发挥万民的创造力，做到自我实现，走向崇高与辉煌。历史上的太平盛世、宏图大业，都是在道家无为而治的思想指导下取得的。《道德经》一书也因此享誉世界，被世界政要、精英名流、企业领袖所崇拜，被奉为"旷世奇书、万经之王"。

无为而治就是一种赋能。当然，不仅是说领导者要如何做到"无为"，而且还要学会跟大家连接，这才是关键。这就要处理好个体与集体智慧之间的关系，做好以下三件事。

第一，有一个共同的目标，这一点对于企业管理非常重要；

第二，要协同彼此的行为，组织成员要遵守共同的游戏规则；

第三，要有共同的语境，都可以回答如何让人更有价值这样的问题。

在未来的赋能管理中，如何激活组织内的人非常关键，只有不断交流，彼此开放合作，这样才会让我们找到更多的机会。

中篇

赋能个体和组织,聚焦企业内部管理

怎么让组织具有创造力,核心就是要激活个体;个体激活后,我们又该如何去面对环境的不确定性,让个体在一个组织的平台上发挥作用呢?

第三章

领导者自我赋能：共同应对组织未来的挑战

　　领导者自我赋能，要有成长型心态和反脆弱的特质，前者能够让自己不断精进，不断找方法提升自己的能力来应对不确定的未来；后者能够让自己在任何挫折磨难中获益，遇强则强。除此之外，还要克服惰性，学会聚焦重点工作，管控自己的情绪。

　　电影《一代宗师》里面有一句话："见自己，见天地，见众生。"见自己，就是要知道自己几斤几两、优势劣势，这样才有机会有目标地提升自己。见天地，就是要知道人外有人，不浮躁，只要保持谦虚，才能静下心来打磨自己。见众生，就是当发现别人不如自己时，想去帮助他人，管理者也要有这种格局和境界才能获得影响力。

1. 领导者自我赋能的价值

阿里巴巴集团执行副总裁兼参谋长曾鸣先生在《重新定义公司》推荐序中有一句话："未来组织最重要的功能已经越来越清楚，那就是赋能，而不再是管理或激励。"

既然未来组织被重新定义，那么领导者的身份自然也要被重新定义，随之而来的是，领导者核心价值观和关键能力也要被重新定义。

为什么要把领导者赋能放在首位，因为无论是文化，还是战略，都是基于人的，受领导者影响，特别是文化，企业文化的 70%就是由企业领导人创立的，战略也是以企业领导人或者高管们的眼界决定的。

（1）领导者的影响力

对于领导究竟应该怎样定义？它是一个人，一个职位，还是一个过程？有没有这样一种领导，即便他不需要任何职位，也能吸引大家为了一个共同的目标前进？

有！现实中有很多卓越的领导者都是依靠个人魅力，带领员工不断地实现梦想。马云是这样的人，雷军、刘强东也是，他们都具有超强的领导力。

我们来看刘强东的故事——他喜欢做"王"。

一辆平板车倒扣在草垛上，"大强"坐在中间最高的车梁上，其他人按等级就座，听他训话。他们刚完胜了另外一群孩子，战斗游戏在这几年间每晚如约在村头上演。

30年过去了，"大强"变成"老刘"，成了京东商城董事局主席兼CEO的刘强东。他面前是几十位西装革履的职业经理人，万余名员工。他依然热衷于训话，且事无巨细，只不过时间改到了早上。

这就是领导力，他就是做"王"的人。很多人都认为，一个人只有拥有很高的职位或者是头衔，才能具备领导力。事实并非如此，领导力与头衔无关。

这是因为，领导力是行为能力，而不是职位权力。一个人不管自己有没有下属，只要他进行了领导的活动，就发挥了领导力，成为领导者。相反，如果一个人拥有很高的头衔，但是他没有发挥影响力，就不具备领导力。

每个人每一天都有机会领导别人，这跟职位高低、资历深浅无关，无论你是帮着持家，协助运作家长教师协会，还是管理一家入选"全球500强"的企业，任何人都可以修炼成为领导者，并改变或影响身边的世界。现实生活中的很多例子都能印证这个观点。我们可以到孩子的游戏场上去看看，有的人是被选为队长，有的人是自发成为队长。这些事实上成为"孩子王"的孩子，实际上并没有什么头衔，但是他们由于参与了领导的活动，所以具备了领导力。

领导者的影响力，体现在方方面面。首先是梦想，任何一个优秀的领导者都是有梦想的人，他想实现自己的梦想，并且为了这个梦想愿意付出巨大的代价，甚至是生命。

其次，影响力体现在领导者的个人意志力上。具有影响力的领导者都是意志坚强的人，尽管在实现梦想的过程中会遇到各种挫折，他们也会一如既往地坚持，执着地实现自己的梦想。

再次是勇气。一个领导者的影响力很大程度上体现在他的勇气上。在面对困难的时候，领导者常常会用自己的勇气去激励大家。没有勇气的人，是无法成为一个有影响力的领导者的。

最后，有影响力的领导者都是充满智慧的人。他们会用战略的眼光去看待和处理问题。以此来取得最佳的效果。如果一个人在决策的时候常常考虑眼前的利益，而不是用一个长远的眼光看问题，就不会有人愿意追随他，即便有人跟着他做事，也一定不会坚持太久。所以，好的领导都是智慧诚实的人，他们渴望成功，也会用自己的智慧去带领大家一起成功，而不是只在乎自己的利益。

（2）领导者赋能的价值

在传统的企业管理中，业务设计完全是高层领导的事情，基层单位的领导者无须参与业务设计，也无须具备业务设计能力，只要贯彻执行好总部分派的任务就可以了。而今的情况则大不相同了，外部环境快速变化，业务越来越复杂，处处充满不确定性和模糊性，最高层的总指挥客观上已经做不出滴水不漏的顶层设计了。这就要求基层领导者具备较强的权变能力，能够根据当地的实际情况灵活应对和独特创新。组织的业务模式，是由高层的指导性概要设计和基层的创新性实践合力演变而成的。

基层不再是一个贯彻高层设计思想的机器，而更像是高层意志与基层实践共同作用下持续进化的有机体。

反过来，未来的基层领导者更需要参与业务设计的机会。如果一个人的工作全都是上级安排下来的，在工作中没有任何创新空间，工作带给他的意义感和成就感就会大打折扣。真正的业务精英是需要创新空间的。探求意义和价值是大脑的本能，也正是这个本能赋予人成就感和幸福感。有的人恰好从事他们很喜欢的工作，工作和个人爱好完美地结合起来，他们就会感到幸运和幸福。大部分人却没有那么幸运，他们的工作未必是个人爱好，那么，努力发掘和主动探索工作能带给自己的意义和价值，主动把自己的特长和才干通过工作表现出来，才是让自己幸福、把握自己人生的关键所在。

甚至优秀的基层员工也需要工作中的灵活授权和创新空间。因此，无论领导者自己的目标多么明确，思路多么清晰，都很有必要跟团队成员一起进行年度业务设计的共创。带领团队共创年度业务策略，跟领导者自己确定业务策略然后向下贯彻，有三个显著的不同点。

第一，多人智慧胜过一人智慧，集体决策对提高决策质量是有帮助的。

第二，给员工主人翁的感觉，员工参与了策略的制定，对策略的理解就更充分，在执行过程中会更积极主动。

第三，员工在参与研讨的过程中，既有机会把自己的想法融入组织工作计划中，也便于他们把个人成长与团队年度计划进行有机结合。

寻找意义和快乐是一种能力，员工能够从工作中找到属于自己的独特意义和快乐，才能激发出内心的驱动力。

也正是为了激发出更多员工的内驱力，英特尔、谷歌等硅谷大公司把传统的 KPI 考核发展成 OKR。而 OKR 最精髓的思想在于把员工自身的成长放在首位，鼓励员工主动把工作和自身成长紧密结合，发现工作的意义和价值，自主承担起在工作中成长的责任。

事实上，早在 100 多年前，蒙台梭利就发现，孩子是把工作和任务当作探索世界和学习新知的方式。而成年人却把工作和学习彼此分开，认为工作是为了谋生，工作就应该被动接受上级领导的安排，工作就是完成任务然后得到好处，由此应付工作的心态才逐渐滋生。只有重新定义工作，主动把工作当成学习的机会，有意识地从工作中锻炼和发展自己的各项能力，我们才能从工作中释放更多的激情，收获到全新的体验。

总之，由于最高领导者客观上不具备全面组织业务设计的能力，

而中层管理者和基层员工又非常需要工作中的创新空间，因此，未来组织的业务模式一定是各级管理者与员工合力共创的，并且需要在实践中持续演进。唯有如此，工作才能给基层员工带来足够的成就感、创新机会和成长机会，工作才能成为真正意义上的员工实现梦想和赋能的平台。

第三章　领导者自我赋能：共同应对组织未来的挑战

2. 控制型领导常见的几个误区

领导者要演好自己的角色，不是一件容易的事，但也不是一件难事，关键在于是否有角色意识，有了这种角色意识就有了演好角色的前提，也就有了实现自身价值的基础。

（1）领导者角色定位

华为的"床垫文化"和富士康的"半军事化管理"在面对新生代员工时出现了众多以前未出现的问题，人们开始对这些企业的管理模式提出了质疑，传统的管控模式必须向赋能管理变革。

在古希腊的阿波罗神庙当中，刻着一句影响人类几千年命运的名言："认识你自己"。作为领导者，在管理他人之前，首先要做的就是对自己有一个清醒而准确的认识，认清自己在企业中充当的是什么样的角色及其自己的价值所在。

在了解领导者的角色及价值之前，我们有必要先弄清一个问题：在一个团队中，是你重要还是员工重要？如果领导者能这样来反思自己所担任的角色的话，那么至少可以找准自己做事应有的出发点。

对于这个问题，可能很多人会回答领导者重要，因为他是团队的管理者，是团队工作的引领者，计划、组织的协调者，没有他，团队的绩效就会受到很大的影响。事实上，真正强大而有效的企业是当企业的最高领导者不在时都能有序、高效地运作，就像万科，过去王石每年有一大半的时间在登山，而企业每年依旧健康持续地发展。反之，如果企业的员工都不在的话，那么企业肯定将无法正常运转，可见员工才是直接创造价值的人。

（2）控制型领导常见的几个误区

第一，独享资讯，让下属在混沌中摸索，以此来彰显自己的才能；信息不透明，希望下属猜自己的心思，并常用此来衡量员工有没有悟性。

第二，固守一技之长，喜欢事必躬亲，还觉得员工不作为，导致自己什么事都必须亲力亲为。试想，你不培养下属，不放权，不给下属创造一个放得开手脚做事的环境和氛围，他们又怎么能成为你想要的样子呢？

第三，命令型，只强调结果。

结果导向本没有错，但别忘了没有过程就没有结果这一事实。不关注过程和只关注过程都有问题。不关注过程，结果不理想，任何处罚都是无济于事的。而关注过程也要讲求方法，例如工作目标要协商，先自下而上，再自上而下，找一个共同点，而不是直接下个指令完事，员工甚至都不理解你为什么让他干这些。

第四，个人文化凌驾于企业文化之上。例如企业文化是务实，但管理者本人就喜欢务虚，谁喜欢溜须拍马、做表面文章就会重用他，反之则累死累活也不受待见。

第五，情绪化，喜欢当众指责员工或发脾气。从本质上来说，作为一个领导之所以这么做，还是把员工看成了给自己打工的或者比自己低一个层次的人。事实上，不管是领导还是员工，同事之间都应该是平等的，只是分工不同而已。

（3）错误应对倾向：任何"外科医生式"的促人改变都是徒劳的

控制型领导都想保持自己的立场，希望员工能按自己的想法做事

而不受外界干涉，但问题是，他们常常采用错误的方式来影响下属，用指责、命令、评判、愤怒的方式促人改变，那么结果注定是徒劳的。

美国社会心理学家利昂·费斯汀格有一个著名的理论，即"费斯汀格法则"：生活中的10%由发生在你身上的事情组成，而另外的90%则是由你对所发生的事情如何反应所决定的。在影响他人这件事上，人们绝大多数时候采取的方式与目标是背道而驰的。

沟通中人们最常用的模式是试图用自己的价值观指导别人的行为，批评别人的方式不行，或者干脆告诉别人该怎么做，把自己的价值观凌驾于他人之上。这条看上去很直接的路，在实践中却根本走不通。因为人人都有自己的价值观，人们都会按照自己的价值观采取行动，若没有强大的外界压力，没有人愿意任人摆布。

这就像有人说的那样，对人伤害最大的不是针锋相对，不是恶语相向，甚至不是冷嘲热讽，而是听上去蛮温柔的两句话。

第一句是"你那样做不对，照我说的去做"。人们总是下意识地试图用批评和命令的方式促使他人改变，但遗憾的是，批评只能招致他人的防御，引来他们竭力的自我辩护。批评甚至是危险的，它会伤害一个人的自尊心，引发自尊"火药库"爆炸。正如卡耐基所说："因批评而引起的羞愤常常使雇员、亲人和朋友的情绪大为低落，并且对应该矫正的现实状况没有一点儿好处。"

第二句是"这都是为了你好"。这句话纯粹是经过伪装的胁迫，其根本意图是胁迫对方按照自己的想法去做。人人都讨厌当傀儡，却总想操控别人。控制型家长教育小孩，控制型领导批评下属，最爱打着"这都是为了你好"的幌子。

人们在谈话中情不自禁地提高嗓门、加重个别字眼、运用肢体语言，总想投入更大的能量来提高自己说话的影响力。激烈的情绪、猛烈的批评、强烈的指责背后都有期待和诉求，用评价、指责、愤怒等方式促使他人改变是人性的又一个特点。

但遗憾的是，这种方式总是达不到预期的效果，任何"外科医生式"的促人改变都是反人性的，是徒劳的，甚至是危险的。因为人性的另外一条更重要的特点是：任何积极而持久的改变都是自内而外的。最有效的管理，不是管控，而是赋能。

第三章 领导者自我赋能：共同应对组织未来的挑战

3. 领导者如何自我赋能

世界知名的领导力大师拉姆·查兰说："伟大的领导者不是天生的，而是后天炼就的。"因此，你想成为未来的卓越领导者，就有必要掌握如何自我赋能。只有掌握了自我赋能的管理技能，你才能让自己在新的竞争环境中，具有统率"三军"、战无不胜的能力。

（1）准确定位业务的能力

企业失败的最大原因，往往不是因为机会太少，而是因为机会太多，企业领导者抵挡不住各种赚快钱的诱惑，什么钱都想赚，才导致最后什么钱都赚不到。

领导者自我赋能，首要的一项能力就是准确定位企业的业务。正如联想创始人柳传志所说："我觉得坚定的目标和坚忍不拔的毅力，是创业成功最重要的基础。"

作为领导者必须明白，当你进入任何一个新行业的时候，都会遇到困难。因为我们缺乏这一行业的经验，甚至可能根本不知道该怎么做。比如如何生产产品，如何进行市场推广，如何招聘合适的员工，这些几乎是企业领导者进入任何一个行业都会遇到的难题。面对困境，我们如果放弃这一原本认准的行业，而去转投其他行业，也一样会遇到类似的困难。最好的办法就是，在选定的行业里坚持干下去。只有在认定的行业里干下去，才能慢慢积累经验，摸索规律，最终取得成功。

（2）设定正确目标的能力

我们都知道，只有设定正确的目标，企业才有发展的方向和动力。

一个企业要想长久地发展，就不能搞"大跃进"，急功近利、不切实际的目标是没有好结果的。企业的发展应该稳扎稳打，不能在势头好的时候就想一口吃个胖子，否则非但吃不成胖子，反而会把自己噎死。

柳传志说过："做企业就是筑大坝，撒上一层土夯实，再撒上一层土再夯实。目标太高了，我们就把土垒成台阶，一个台阶一个台阶往上走。"他的这句话，其实是对分解目标的生动解释。

企业领导者尤其需要学会把目标进行分解。如果目标太大，并且不够具体，我们就根本无法根据这个目标展开具体行动。

而且，一个庞大的看起来不能实现的目标，不但不会激励员工的斗志，还会适得其反，让他产生无法获胜的挫折感。这个时候最切实可行的办法就是，把这个大目标进行合理分解，使其变成一个个合理有效的小目标，然后逐步去实现。

（3）勇于挑战现状的能力

只有目标，没有行动，就只能是个空想家。企业在发展过程中，会遇到各种各样的困难和挫折，企业领导者只有坚定信心，凭借强大的行动力，勇于挑战现状，才能获得最后的成功。

（4）共赴企业愿景的能力

作为企业领导人，首先要弄清楚愿景与目标之间的区别。目标是清晰的、看得见的，是可以通过努力实现的。虽然愿景也必须是清晰的，但愿景更多的是一种内心的愿望，是一种驱动力，是人们愿意通过实践、追求来达到的某一种境界。当然，跟目标不同的是，这种境界在短期内不一定能够实现。

从理论上来讲，任何一个组织都需要一个愿景，否则这个组织就缺乏凝聚力，甚至缺乏持久的战斗力。

比尔·盖茨的愿景是"使每一个人桌上都放置一台电脑"，亨利·福特的愿景是"使汽车大众化",这些愿景都非常形象生动,具有可实现性,从而能够更好地鼓舞员工为了愿景的达成,更加努力地工作。

(5)预见引领变革的能力

星巴克诞生之前,美国人是在家里或者办公室里喝咖啡的,当星巴克出现之后,他们才改变了自己的习惯。因为星巴克给他们营造了一种休闲的氛围,让人们在那里面喝咖啡有种与众不同的感觉。

所以,人们很快就接受了星巴克,它成了一种流行符号。在中国,星巴克是小资一族的专属地带,中国消费者来到这里不是需要咖啡,需要茶叶,而是需要一种情调和品位。所以,星巴克在中国不管是卖茶叶还是咖啡,都能成功。

所以说,需求永远都存在,关键是你能否发现它,或者创造它,通过企业领导者的预见来引领变革。一家企业只有学会发现和创造消费者的需求,才不愁在市场上取得竞争优势。

引领变革不是标新立异,更不是异想天开,而是根据行业的发展情况,结合企业实际从某一方面进行的改革,是对以前不合理不合适内容的完善。

这也可以从两个方面来看:第一,想要创新首先要有积累,也就是你要有比较广的知识面,同时还要有自己重点发展的方向;第二,就是需要你的思维比较发散,敢想。其实大多数的工作都是模仿重复,强调的是工作效率,而不是一味地追求创新。对于企业而言,过度的创新必然导致过多的失败,以及效率的低下。

企业长久稳定的有效经营活动,就是一个不断变革和提升的过程,这个过程会伴随企业一生,直到企业消亡。企业经营业绩的好坏,在很大程度上取决于企业的这种行为是否完善、是否及时。

企业的市场经营行为,是一项长期而复杂的系统化工程。有志企业想要保持基业长青,必然要务实探索,不断地变革创新。靠激情和忽悠打市场的时代早已一去不复返了，没有创新和变革，就难以赢得市场。

（6）培养核心人才的能力

曾国藩用人有三个步骤。第一个阶段是放在身边带。像营务处、秘书处的人，他每天与他们谈话，历练他们，言传身教。经过一段历练后，就到了第二个阶段。第二个阶段是让他们到地方领军，任分统，或任中层或下层。从这时开始，如果经受住了考验，有实实在在的政绩，就能够进入第三个阶段。第三个阶段就是正式任命他们担任一个更高的职务，独当一面。

人才培养的最终目的，就是培养核心人才，能独当一面的战略型人才。对于企业来说，核心人才一般要占到全体人员的 10%～20%，他们在企业的发展壮大过程中，扮演着"定海神针"的关键性角色。因此企业在选择人才时，战略性思考能力也经常被放在招募条件的首位。

技术型的人才也非常重要，在企业的运营中，他们发挥着中流砥柱的作用，扮演着执行战略的角色。如果没有一群技术型人才认真执行决策，再好的战略也只是空头支票。

（7）带领团队解决问题的能力

在复杂多变和激烈竞争的环境下，企业唯一不变的核心竞争力是创新能力和解决问题的能力。解决问题常常意味着人类多种思维的综合运用，过去解决问题更多的是依靠资深人员的经验，在今天，创新和灵感在解决问题中的地位则在持续上升。

早在 20 世纪 90 年代，杰克·韦尔奇就曾说："一个经理人要有一颗更开放的心，过去人们总是认为经理人理应比下属知道得多一些，这种老观念已经不合时宜了。"

未来的领导者是提出问题、加以讨论，然后解决它们。他们依赖的是互信而非控制，因此领导者要做的是真诚坦率地沟通，领导者要成为下属的教练而非牵绊者。

在互联网时代，领导者靠自己的经验与智慧独断地解决问题的方式显然已经不合时宜了。如今，在经营管理中面临的问题，需要更多渠道的信息，更多维度的思考，用更创新的形式去解决。解决问题是每一个领导者每天都在做的事情，但很少有领导者意识到其背后有一个基本的模式框架，更重要的是，要利用这个框架整合团队的知识、经验、直觉和灵感，综合运用多种思维。

以往没有任何一个时代人类的价值观比今天更多元化。在大多数企业中，踏实、稳重的"70后"占据着领导地位，而最具活力的"90后"则真正代表着未来的趋势。

这个基本的社会背景就决定了解决实际问题的方式，绝对不能是某一类人的方式，纯粹按"70后"的方式解决问题，"90后"会觉得老套、没有兴奋点；纯粹按"90后"的方式解决问题，"70后"会觉得太不着边际。问题的解决过程，一定存在着各种观点和价值观的整合，而把不同甚至相反的想法和目标整合在一套解决方案中，才是真正的本事。

也就是说，运用思辨的头脑，从独立观点中权衡出新方式的决策者，与一次只考量单一模式的决策者相比，有明显的优势。今天，解决问题的能力很大程度上体现在思维的整合能力上。带领团队解决问题，才是互联网时代的领导者最应该具备的基本能力。

第四章

赋能员工：让管理回归以人为本

站在给员工赋能的角度，赋能管理就是人本管理，是以人为本的管理制度和方式。把员工作为组织最重要的资源，以组织、员工及利益相关者的需求最大满足与调和为切入点，通过激励、培训、领导等管理手段，充分挖掘人的潜能，调动人的积极性，创造出和谐、宽容、公平的文化氛围，使大多数人从内心中感受到激励，从而达到组织和个人共同发展的最终目标。

在实施"以人为本"的管理中，要形成"集思广益，众志成城，团结共进"的工作氛围与人际关系。在推行管理中，要在人的积极性、创造性已调动起来的基础上，建立一支具有和谐人际关系和高度凝聚力的协调共进的员工队伍，这是管理者实施人本管理的落脚点。

1. 起心动念：让下属过上更好的生活，更有能力

很多保持健康态势的公司，其领导者都特别注重员工的诉求，他们甚至本着这样的心态建立公司，即创建一个平台帮助员工实现梦想，顺便实现自己的梦想！

赋能型领导者激发员工成就感的一个有效策略，就是充分尊重员工的自主性。研究表明，成就需要是基于内在心理体验的一种需要，其满足来源于人们对所取得的工作绩效的一种内在心理体验。这种体验包括两种：一种是对工作成果中凝结的个人贡献的体验，一种是将个人贡献与他人比较获得的优势体验。通常来说，一个人获得的自主性越大，个人在团队中的地位越高，就越能体验到成就感。这就要求领导者在管理团队的时候，一定要给予属下充分的自主性，能放的权力一定要放，这样，员工在完成任务的时候，就会有更多的实现自我价值的感觉。

传统的管控型管理模式，往往是这也管那也管，事无巨细，吹毛求疵。这样就导致员工的自主性没地方发挥，他们被领导者束缚住了。在这种氛围下工作的员工通常是感觉不到多少成就感的，所以他们的工作积极性也很差，他们中的大部分人基本上都是当一天和尚撞一天钟。这样的团队显然是没有战斗力的，当然也不会获得持久的发展。

相反，在一些著名的大公司里，精明的老板总是会给予员工最大的工作空间，让他们体验主人翁的感觉，而自己只负责鼓励和帮助员工。

微软公司就是一家没有官僚作风的公司。公司的领导者比尔·盖茨充分尊重员工，放权给每一个人主导自己的工作。微软的员工处处都能体会到一种人人平等的感觉，比如，微软没有"打卡"的制度，每个人上下班的时间基本上由自己决定。在这家公司里，资深人员基本上没有"特权"，依然要自己回电子邮件，自己倒咖啡，自己找停车位，而且每个人的办公室基本上都一样大。

比尔·盖茨实行"开门政策"，这就是说，公司的每一个人都可以找任何人谈任何话题，当然，任何人也都可以发电子邮件给任何人。一次，一个新员工在开车上班时撞了比尔·盖茨停着的新车。她吓得询问上司该怎么办才好，上司告诉她只要发一个邮件向比尔·盖茨道歉就行了。于是，她发了一封电子邮件给比尔·盖茨，不到一个小时，对方便回信了，他告诉她，别担心，只要没伤到人就好，还对她加入公司表示欢迎。

微软公司不仅在一些细节上给予员工充分的权力，而且还鼓励员工畅所欲言，对公司存在的问题，甚至上司的缺点，毫无保留地提出批评和建议。比尔·盖茨说："如果人人都能提出建议，就说明人人都在关心公司，公司才会有前途。"微软因此开发了满意度调查软件，每年至少做一次员工满意度调查，让员工以匿名的方式对公司、领导、老板等各方面做出回馈。所以，微软公司的每个经理都会得到多方面的回馈和客观的打分。比尔·盖茨和其他高层领导和人事都会仔细地研究每个组及其经理的结果，计划如何改进。

比尔·盖茨处处给予员工足够的权力和尊重，使他的员工能够获得一种成就感，从而尽心尽力为公司工作，这是微软公司强大的一个重要原因。

"大道至简，知易行难。"许多人都明白"先成就同伴，后成就自己"的道理，可就是做不到。归根到底，这就是自私自利的心思在作怪，他们不愿意把权力和利益与他人分享，而只想自己独占、独享。创业者想要获得事业上的成功，就要克服这种小家子气的毛病。作为公司的领导者，只有起心动念，先成就别人后成就自己，并且通过给员工赋能，尽力去实现它，成功就会水到渠成。

第四章 赋能员工：让管理回归以人为本

2. 共同愿景：让团队成员找到工作的意义和价值

上下同欲者胜。组织中的每个人都是作为个体而存在的，作为组织的领导者，必须让员工知道你的目标，也要让员工学会设定目标。当每个个体对自己的目标都清晰后，再逐步达成一种共识，就形成了组织的共同愿景。这样，组织就成为一个互动的整体，大家都处在一个频率上，每个成员都是其中互动的一分子，如溪流汇聚成湖一样，执着而又坚定地奔向同一目标。

曾经有一位著名的企业家说过："我不是只为赚大钱而做企业的，尽管那是我的最初动机。"做企业需要有远大的理想，一个没有远大理想的企业注定不会长久。一个企业不仅要在市场经营中获取利润和收益，更要让企业服务于社会和客户，要有经营一家百年老店的憧憬，要有跻身中国乃至世界500强的信念。

做企业，首先要明确一个问题：为什么要做这个企业。只有船长弄清楚往哪里走、怎样走，船员们才能跟着你，朝着既定的目标划桨前行。

经营任何企业都要有自己的"道"和"规矩"。有所为，有所不为，形成自己远大的高尚的企业文化，并让更多的人认同这种企业文化。

曾发行过最卖座系列电影《指环王》的好莱坞新线影业，在最辉煌的时候却接连遭遇官司——动画版《指环王》制片人起诉新线影业，称其骗取2000万美元版权费，双方庭外达成协议；《指环王》系列导演彼得·杰克逊起诉新线影业在利益分配上违反合约，同样达成庭外和解；《指环王》作者托尔金的遗产托管机构，联合原著小说出版公司提起诉讼，控告新线影业隐瞒《指环王》系列电影实际收入，拖欠收入分红 4 亿美元。每打一次官司，新线影业就要赔给对方一大笔钱，再加上最新的影片票房惨淡，加剧了公司的经营危机，被华纳公司合并，纽约和洛杉矶的数百名雇员被迫离职。总经理罗伯特·谢伊和合伙人迈克尔·林恩也黯然离开公司。

可以说，新线影业的失败是由多种原因造成的，究其根本是公司的目标和愿景发生偏差所致。过分地追逐利润，导致商业上的欺诈行为，既伤了合作者的心，到头来也使得自己的钱财和人脉尽失。这充分说明，一个没有真正理想和愿景的组织，是无法维持长久的。在冷酷的商业竞争中，愿景决定着组织的前途和出路。

不积跬步，无以成江海。做企业既要有远大的理想，也要有务实的目标。创业初期，企业的目标就是在既定的行业里"先生存，后发展"，"先做 5 年内活下来的企业"，再做"10 年内活下来的企业"。在处于平稳期、生存无忧时，企业要喊出更响亮的口号，谋求更大的发展机遇，战胜更大的困难和挑战。

在团队建设中，对组织来说，需要设立选才标准、设定条条框框，筛选符合要求的员工入职；对个人来说，也要看清组织的愿景是否与自己当下的情况和长期的规划相吻合。如果组织是具有一定规模的正规军，就决不需要作风散漫、岗位能力不精的游击队员；如果组织是只有三四条枪的小团队，就决不需要只擅长做"拧螺丝"工作、能力单一的工作人员。

在"愿景至上"的时代，组织与个人需要用同一颗心去想问题、做事情，只有这样，整个团队才能保持高效而强大的执行力。

认清愿景，才能上下同心。

被称为"最伟大的CEO"的杰克·韦尔奇认为，领导人的第一要务是"设立愿景，使愿景体现在生活作息中，并激发团队去实现它"。事实上，很多伟大的企业家和政治家都善于利用"共同愿景"进行领导和管理。麦当劳的愿景是"控制全球食品服务业"，比尔·盖茨的愿景是"使每一个人桌上都放置一台电脑"，享利·福特的愿景是"使汽车大众化"，这些愿景都非常形象生动。

有人可能会说，现在一般都是企业在谈愿景，如果是一个团队有必要谈愿景吗？其实，如果你把企业和团队都看成是"有机组织"，就会明白，对所有的"有机组织"而言，愿景对它们的重要性在原理上都是一样的。

所以，作为企业领导人，在和成员一起制定了共同的目标和路线后，还需要给团队树立一个共同的愿景，用以激发团队成员的内在驱动力，维持团队的持久战斗力。

在一定程度上，愿景就是理想。可以想象，如果一个人没有理想的话，那这个人实际上就是一具行尸走肉，做什么都没有激情，没有动力。团队如果只有目标没有愿景，也将会出现同样的现象。在一些团队里面，大家看上去每天都在忙忙碌碌，好像很敬业的样子。但如果最后考察一下他们的业绩，却发现乏善可陈，其付出与收获根本不成比例。这样的团队，就是缺少愿景的团队。在这样的团队里面，人们的工作只是为了生存，而不是为了理想。在一个只有生存，没有希望的团队里面，是没有丝毫战斗力可言的。

共同愿景的树立必须由个人目标汇聚而成，借着个人目标的能量，才能汇集成强大的共同愿景。所以，要建立起团队的共同愿景，团队领导就必须持续不断地鼓励成员树立发展自己的个人目标。如果一个人没有自己的个人目标，他对共同愿景的态度就只会是附和、顺从，而不会产生内心真正的意愿。只有将团队强大的共同愿景转化为自己的个人目标，才能激励自己。诚如美国汉诺瓦保险公司的总经理欧白恩所说："我的愿景对你并不重要，唯有你的愿景才能够激励自己。"

当然，个人目标也要尊重组织的共同愿景，不能凌驾于组织的共同愿景之上，更不能破坏组织的共同愿景。松下幸之助是成功的共同愿景塑造者，他认为："只有先了解人性的尊严，'企业就是人'这句话才能成为事实……如果真能做到尊重个人自由，则人们就能进一步体会到自己是组织的一分子，就会有自己的判断和独立自主的意愿，员工就能体会到'我是组织的一员，组织的事业就是我个人的事业'，这样，必能形成一股强大的合力。"

3. 弹性授权：多种授权交叉使用

新生代员工是企业管理中不可回避的一个群体，每个企业都需要找到一种合适的磨合方式来管理新生代员工，这些方式根据行业、企业的不同而各异，但一些基本的形式足以为我们所借鉴，如抛弃英雄式的领导、引入弹性工作方式、采用新生代喜欢的管理理念，等等。

（1）抛弃英雄式的领导

新生代员工的管理之所以让企业倍感困扰，很大程度上是因为管理层的英雄式领导和新生代的个体化倾向之间的巨大差异，导致在管理体制、领导行为等方方面面都存在矛盾。

在德国戏剧家贝托尔特·布莱希特的剧作《伽利略传》中有一个片段，当伽利略对教会妥协时，他的学生怒气冲冲地骂他酒囊饭袋，并说："没有英雄的国家是不幸的。"伽利略却回答说，"不！需要英雄的国家才是不幸的。"

一个需要英雄的企业同样是不幸的。一个健康的企业组织根本无须去依附英雄。在过去的20多年中，英雄式领导成为企业界的主流，因为很多具备这种风格的企业家带领企业实现了辉煌的业绩。然而，这种司空见惯的管理方式，在管理新生代员工时却屡屡受挫。这主要在于英雄式领导存在这样的弊端：决策高度集权，一个人说了算。首先，由于他们能力高超，认为下属和员工不会有比自己更高明的见地，所以决策时根本无须征求他人意见，而员工的任务就是埋头执行领导人的决策。其次，管理实践过于随意，不注重制度建设，或者本人就时常违背制度，以个人的直觉代替详细的决策论证，凭个人的好恶对员工提出要求。

这种领导说了算、员工埋头执行的管理方式与新生代员工强调自我、自主与参与的特性极其不相容。这就启示管理者在制定和出台各种管理决策特别是管理制约制度时，更要注重方式。

当然，我们不是从法律角度去探讨企业制度遵循什么程序出台才有效，而是从这代人的特点出发，探讨如何做到让员工关心并参与企业经营管理，真正做到以人为本。在企业内部，首先要做到以员工为本。以员工为本，首要的就是要尊重员工，制度决策出台过程民主化，而不仅仅是几个高层"集中研究"的结果，更应该是在员工参与决策过程之后的"集中"。

管理决策，过程重于结果，形式比内容有时显得更重要！e时代的网络信息化、办公自动化（OA）给员工参与管理决策提供了可能和有效途径，关键是企业决策者、管理者是否意识到其重要性。现在有些企业在实现OA后，所有制度出台基本做到了部门负责人会签，重大事项基层管理者甚至是全员参与决策，这是一个不错的探索。像婷美集团董事长周枫自己走下"神坛"，改变"一言堂"的领导模式，由组建的企业管理委员会来讨论决策，就在民营企业中开了一个好头。

（2）弹性工作方式更有效

新生代员工脑袋里储藏的知识就是生产工具，他们需要的不是对公司的忠诚度，而是对自己本身专业的忠诚度。因此，新生代员工对于企业的依赖性是很低的，也最痛恨被束缚，他们更倾向于接受具有弹性、突显个人风格的工作方式。所以，企业管理的特质要以享受管理、倡导快乐为主，业绩结果重于纪律制约。

实际上，一些企业为了适应新生代员工管理，充分激发新生代员工的潜能，已经在工作模式中采取了一些革命性的创新，如谷歌总部实行弹性作息时间和自由式办公场所等，通过把握最终工作结果来管理新生代员工，而不再执着于新生代员工的考勤与工作方式。

当然，这对企业的管理水平、管理能力是一个挑战。比如，你是否具有合理安排项目工作任务、目标分解的能力，这决定了你是否有勇气并敢于让员工"自由与自我约束"，因为你要的结果是可衡量的、不能偷懒的，"偷懒"就肯定"交不了差"，所以你对是否用纪律约束过程无所谓。否则，你就只能像今天90%以上的民营企业一样对员工实行"监管"，有一大批"监工"，这不得不说是一种悲哀。

新生代员工更喜欢创意型的工作，喜欢弹性上班制度，认为只有在宽松与自由的氛围下，自己的效率才能得到更大的提升。目前，中国不少中小企业在这方面做了尝试，尤其是创意、设计类行业。如过往的企业文化要求员工做事专心，而新生代员工能够胜任多任务工作，所以一边听音乐、一边网上聊天、一边工作的职场文化也逐渐为部分创意型企业所接受。部分具备远见卓识的管理者已经清晰地体会到：采取弹性工作制、提供宽松的工作环境，反而能带动新生代员工的积极性，从而为企业创造更高的效益。

（3）改变管理模式，观念先行

第一，领导魅力当先。新生代员工反感喜欢训斥、推卸责任、玩弄权谋的管理者，他们需要尊重、关怀和真诚。因此，企业管理者需要改变传统的管理观念和领导形象，强化领导方式的人性化与科学化，努力将自身打造成魅力型的管理者。

第二，淡化等级观念。新生代员工有很强的自尊心，一旦伤及其自尊心，就可能导致彼此关系僵化，甚至有的会直接离职。因此，企业管理者应树立起平等心态，改变高高在上的命令式领导方式，可采用商量的方式去解决问题和布置任务，营造出彼此尊重、平等、宽松、包容、民主的企业文化氛围。

总之，企业要根据新生代员工的特点施行有效的管理。决策者、管理者所要做的，不是布道，也不是抱怨，更不是强化纪律来约束，而是如何去营造一个良好的氛围，使新生代员工在这个团队中能达到个人单枪匹马所达不到的绩效目标。

实际上，企业管理层适当改变一下思路，结合新生代员工的特点，对原有的管理体制和管理思路进行恰当更新，就可以发现新生代员工并不是职场拦路虎。

要更好地管理新生代员工，管理者们需要调整传统的管理和领导方式，管理制度不要带有太强的领导者个人色彩，也要避免英雄式、权威式的领导风格，多采用参与式、授权式的领导风格。

（4）合理授权，充分发挥员工能量

秦朝末年，韩信先是投奔项羽，后又投奔刘邦。开始，刘邦只让他当了一个掌管粮草的小官，也未予以重任。韩信感觉怀才不遇，就想脱离刘邦。

汉相萧何却发现韩信是一个将才，便向刘邦举荐了韩信，并说："要拜韩信为大将，就必须选择吉日良辰，沐浴更衣，戒荤戒酒，先表现出诚意。然后召集文武大臣，举行隆重仪式，您亲自登台授印才好。"

于是，刘邦登坛拜韩信为大将军，还当众颁令："全军将士今后全部由大将军节制。有藐视大将军者、违令不从者，大将军可先斩后奏！"登坛拜将之后，韩信在刘邦那里有职有权，因此有了威信。为报答知遇之恩，他率军出陈仓，定三秦，灭赵，降燕，伐齐，直至垓下全歼楚军，为刘邦打下四百年汉室江山之基础。

管理者使用人才时，想要充分发挥人才的能量，就得让人才有职有权。刘邦拜将，其实就是给予韩信职权：职，大将军；权，全军由他节制。让下属有职有权，实质上就是授权。任何企业高层管理者的时间、精力都是有限的，只有通过对下属的充分授权，才能带好队伍，管理好团队。

授权不是权力的丧失，而是权力的分配与转移。许多出色的管理者都是采取大权独揽、小权分散的领导方法，这样他们就可以有更多的精力来把握方向、抓住中心，做好全局工作。

授权是一种必要的领导方法和工作方法，是对权力的灵活运用。高层领导能力再强也有不足之处，精力再好也不可能事必躬亲，授权既可以通过使用下属的智慧来弥补自己某一方面的不足，又能够大大节约自己的时间。比尔·盖茨很早就把大权交给了史蒂夫·鲍尔默，让其担任 CEO，自己做"首席架构师"，充分发挥自己对技术趋势很敏感的长处。

授权，不仅是一门科学，也是一种艺术。授权得当与否体现了一个赋能型企业管理者的才能，正如韩非子所说："下君尽己之能，中君尽人之力，上君尽人之智。"敢于授权并善于授权，既是企业成熟的表现，又是企业取得成就的基础和条件。

如果企业能够运用好授权艺术，发挥授权的效用，不仅有利于与员工建立良好的信任关系，激发员工的工作积极性，提升团队的战斗力，还可以使高层领导从繁杂的事务中解脱出来，博采众长，集思广益，使决策更加科学化，使集体的力量得到充分发挥，使团队能够高效运转。

有效授权给企业带来的好处是众所周知的，但并非所有的企业都能做到有效授权。据调查只有 20% 的企业高层对自己的授权管理感到"满意"或"比较满意"，这个数字说明很多企业不得不面对一个现实问题：该如何进行有效授权？

授权要因时、因事、因人、因地、因条件而确定如何具体授权；被授权的员工要具有积极热情的态度和真才实学；授权要有明确的目

标与工作任务，要让被授权的员工知道做什么、管什么；授权必须明确到具体的员工，不能重复授权；授权后不要过多干预，要做到"用人不疑，疑人不用"；授权时要将责任和权力一起交给员工，让员工有职有权的同时还得有责，要做到职、权、责三者的有机统一。

对于赋能型组织来说，必须要学会智慧授权，将多种授权方式交叉使用，弹性授权。例如，当有突发事件发生时，员工可以临时获得一定的权力，先去处理后汇报。

没有职权就无法开展工作，干工作就会寸步难行；没有职责就没有工作目标，就会缺乏责任心与上进心。所以，企业在授权的时候，要让员工清清楚楚地明白自己的职、权、责，各司其职，尽职尽责地做好本职工作。

4. 领导导师化：师徒关系要强于上下级关系

一般来说，企业有四种留人方式，分别是情感留人、待遇留人、文化留人、事业留人，其中情感留人的效果最为显著。领导导师化，也就是将上下级关系转化为师徒关系，这样，当遇到制度解决不了的问题时，就可以利用情感来加以化解。

长春鼎庆公司80%的员工是农民工，10%的员工为下岗职工，另外10%的员工为退伍兵。对员工而言，什么才是最好的福利？老板李万升认为，"最根本、最长久、最暖心的福利，是智力福利"。换句话说，"授人以鱼，不如授人以渔"，老板要为员工的终身发展助力。

为帮助员工打破成长的天花板，李万升每年都会拿出50多万元，聘请清华、吉大等名校的专家学者为职工上课，内容不仅涉及安全生产，而且包括法律常识、企业管理、传统文化、文明礼仪、道德养成等诸多领域。每隔几天，公司就有一个培训日。

李万升还为职工建立了图书室、教室，购买了电脑、光碟、笔记本等学习用品，很多人形容他"像办学校一样来办企业"。有朋友问他："有朝一日员工离开这个团队，你这钱不是白花了吗？"李万升回答说："不要把员工当成赚钱工具，而要把他们培养成有用的人，让他们成为社会的财富。即便有一天他离开鼎庆，我希望他也能闯出一片天地，为社会创造更多的价值。"

在员工眼里，李万升实际上同时扮演着三个角色：老板、家长、导师。

一位员工家长写信给李万升说："我就把孩子交给你了，我相信你能更好地管好他，让他更有出息。"

最让李万升高兴的是，2008年汶川地震、2010年吉林洪灾，员工们都踊跃捐款，并跟随他组成了"吉林省农民工志愿者队伍"，奔赴灾区服务，被灾区群众盛赞为"红衣战士"。

"责任心是一个人能否立足社会、成就事业的基本品格。从某种程度上讲，责任心有多大，人生的舞台就有多大。"李万升欣慰地说。

领导者对下属成长的影响极大，而这一点却只有杰出的领导者才能意识到，能做到的领导者更是凤毛麟角。GE公司曾经对300多位高阶经理人进行过一项调查，其中有90%的人认为，对于他们在工作中的成长贡献最大的是"曾在××处跟随××人一起工作"。换言之，这些经理人认为从直接主管那里接受到的指导与训练，才是他们成功最重要的因素。

你的下属多年后可能要离职，当他们回顾这段职业生涯的时候，如果有"因虚度光阴而悔恨，因碌碌无为而羞耻"的感觉，作为领导者，你一定负有不可推卸的责任。真正有责任的领导者不仅要为业绩负责，更要为员工的成长负责。担任下属的职业导师，确保下属始终处于正能量的工作状态，是领导者义不容辞的责任。

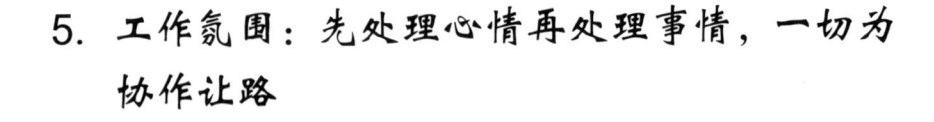

5. 工作氛围：先处理心情再处理事情，一切为协作让路

很难想象，一支吵吵闹闹、钩心斗角、尔虞我诈、矛盾四伏的军队会有多少士气和战斗力。

如果想将你负责的团队缔造成高士气团队，就要想办法先打好基础，让团队的气氛融洽起来，人与人之间以诚相待、精诚团结，远离钩心斗角和尔虞我诈。让大家能心往一处想、劲往一处使，一心一意达成团队的工作目标。

赋能员工，领导者不能情绪化，需要先处理心情再处理事情，不说硬话，不做软事，或者是持菩萨心肠，行霹雳手段。在沟通时，先让下属把话讲完，用倾听的技巧和共情，先认可再纠正。

赋能员工，就要"管束"和"讲理"。管束不是管控，而是让员工知道"应该做什么"和"不该做什么"；讲理则是让员工知道"为什么应该那么做"和"为什么不该那么做"。这两方面结合起来，才能充分发挥沟通工作的效能。

赋能员工，打造良好的工作氛围，要让人人感觉到自己是团队的主人。

在东莞市的一家大型台资企业，有一名部门主管赵志刚，在当管辖700多人的大部门主管之前，赵志刚负责的部门有200多人。当时在整修ABC 3个部门中，他负责的C部门团队士气最旺盛。

为了让部门的气氛和谐起来，赵志刚做了不少努力。他本人在该企业举办的集体比赛和工厂文艺活动中做过主持人,有举办活动的经验和热情,语言表达能力也不错。赵志刚是个关心员工业余文化生活的主管。在完成生产任务之余,他会适当组织部门人员举办一些爬山、歌唱比赛、给部门的《文化园地》写感想和心得体会,给公司创办的《春草绿》厂报写文章等活泼而有意义的活动。既丰富了员工的文化生活,又融洽了团队成员的关系。

在组织活动时,他既积极号召大家参与,主动带领年轻员工唱歌跳舞,又从不摆主管的架子。在他负责的团队中,人人都可以提问题和建议。就算有些提得不对或者非常幼稚,他也不会打击员工的积极性,而是给予鼓励并指出问题的关键点,启发员工继续努力。

在赵志刚负责的团队中,员工都感觉自己是团队的重要成员,所以大家在工作中都积极努力,遇到问题时主动帮助主管想办法。团队中充满了热情和活力,工作士气保持长盛不衰的势头,生产效率和团队业绩在3个整修部门中名列第一。

人们常说"士为知己者死",作为团队负责人,你只要真诚对待员工,员工就会配合你的领导,以高昂的士气投入工作中,为你在公司领导面前赢得器重和尊严。

成功的团队,大多是因为内部关系融洽,士气高昂,所以能够高效工作并取得显著业绩。失败的团队,虽然各有各的失败原因,但内部关系紧张,严重影响到人员工作的士气,这恐怕是最主要的原因之一。

团队负责人要想员工之所想,多关心员工的衣食住行,先让员工感激你,然后才会跟随你。以赵志刚为例。他负责的整修部门,员工们每天和陶瓷的泥坯打交道,冬天的时候,一些员工的手容易发皲、干裂,他就及时申购甘油和护手霜之类的物品给员工使用。员工遇到生活困难时,他也会主动想办法帮助解决。

对团队负责人来说，关心员工常常是在微不足道的细节方面，真正感动员工的常常也是一些细节。所以，优秀的管理者要先做团队成员的朋友，然后做他们的老师和教练，而不是动不动就以"管理人员"的面孔出现在部属面前。

6. 情感连接：与员工打成一片

管理者要想和员工实现同频共振，自己首先要降频，与员工建立情感连接，相互信任，相互支持，而不是把自己关在办公室里，与员工互不兼容。

赋能型公司，都把沟通当作一件非常重要的事情。领导都很乐于与下属沟通，他们在沟通的过程中会认真听取下属的意见，了解执行的情况，发现运营计划中的弱点。

杰克·韦尔奇曾经说过："企业管理者的工作成效与能否同下属沟通具有成百上千倍的正效用。为此，我每天都在努力深入每个员工的内心，让他们感觉到我的存在。即使我出差在很远的地方，我也会花上 16 个小时与我的员工沟通。我有 80% 的工作时间是在与不同的人谈话。"韦尔奇能说出 1000 名高级管理人员的名字和职务，熟悉公司 3000 名经理的表现。可见他对沟通的重视与努力。

华为的企业文化里讲道：敬业报国，我们要员工先从敬业开始。要想使员工敬业，员工就要热爱企业，他不热爱企业，谈不上敬业；要想使员工爱企业，企业首先要爱员工。8 小时之内，我们要员工努力干；8 小时之外，要给他排忧解难，想得非常周到。——他们将这种领导与员工间不分级别、不讲上下的关系称为"新同事文化"。

在这种文化的影响下，华为人没有钩心斗角，没有争宠卖乖，每个人的创造力和责任心都得到了充分调动。不论是领导还是普通员工，都视工作为生活的重心，因此能够保证企业在强手如林的市场竞争中始终保持着旺盛的竞争力。

一个善于内部沟通的企业，会让员工把心里话说出来。海尔给新员工每人都发了"合理化建议卡"，员工有什么想法，无论是制度、经营、工作还是生活等任何方面的问题都可以提出来。对合理化的建议，海尔会立即采纳并实行，对提出人还有一定的物质和精神奖励。而对不适用的建议也给予积极回应，因为这会让员工知道自己的想法已经被考虑过，他们会有被尊重的感觉，从而更加敢于说出自己的心里话。

李云明被云南某运输公司聘为销售经理，新官上任之初，李云明对公司具体的业务情况了解甚少，恰好销售小许向他汇报工作情况并征求具体建议，李云明笑着说："小许，以你的经验，怎么看这个问题？"

小许看领导这么重视自己，很高兴，就说出了自己的想法和解决方案。李云明从小许的话里听出事情的来龙去脉，心里了解了个大概，凭借多年的销售经验，迅速想出一套可行性方案。经过这样一番倾听式的业务磨合，李云明很快上手，并得到手下销售人员的一致认可。

上级初来乍到，与下属沟通时，最常见的方法就是倾听。通过听取下属的分析，迅速熟悉业务，度过新官上任后的第一关，使自己和下属拉近距离，赢得好人缘。倾听，看上去是被动的交流，实际上却能"以不变应万变"，达成自己的目的。

杰克·韦尔奇说："应把每一次与下属的邂逅当作绝佳的辅导机会。"领导者有了关心下属的"心"，必然也会让自己的下属有团结队伍、精诚合作的"情"。以心换心，真正去关心员工、爱护员工，赢得员工的忠诚，你才能打造出一支战斗力超强的团队。

战国将领吴起向来以爱兵如子闻名于世。公元前412年，齐国举兵攻打鲁国，鲁国大夫仪修向鲁穆公推荐，用吴起为将，率兵两万，以拒齐师。

吴起受命之后，决心大败齐国，以扬名于世。他为了激励部队的士气，誓与士卒共甘苦。他同士卒一起吃饭，一起睡觉，"卧不设席，行不骑乘"；见士卒肩负粮食很沉重，他便去帮助扛；有的士兵作战负了伤，伤口化了脓，他亲自去给其排脓上药。

《史记》中对此有详细的记载。说有一位士卒的母亲，听说吴将军为她的儿子吸脓，大哭起来。

有人问她："你儿子是无名小卒，吴将军为你儿子吸脓，你不感到幸运，为何痛哭流涕呢？"这位母亲一针见血地说："往年吴将军为孩子的父亲吸脓，他父亲英勇地战死在战场上，今日将军又为孩子吸脓，我的儿子岂不是又要战死了吗！"

沟通的方法无外乎爱兵和励士。爱兵与励士有多种途径、多种方法，例如平时的训练生活，战时的宣传鼓动，以及论功行赏和违纪处罚等。然而，就上下级来说，最好的方法莫过于爱抚和教诫。

7. 勤"杀毒"，消除团队中的负能量

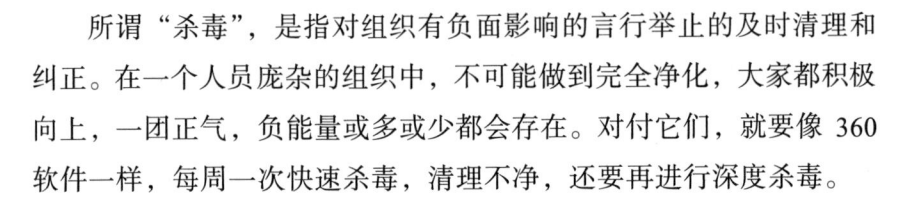

所谓"杀毒"，是指对组织有负面影响的言行举止的及时清理和纠正。在一个人员庞杂的组织中，不可能做到完全净化，大家都积极向上，一团正气，负能量或多或少都会存在。对付它们，就要像360软件一样，每周一次快速杀毒，清理不净，还要再进行深度杀毒。

癌细胞只有在炎症环境中才能扩散，如果长期存在炎症环境，癌细胞就会壮大，最后干掉正常细胞，发生转移，最终让人丢掉生命。企业也是一样，如果发现炎症环境而不去解决，任其蔓延，最后往往会变成集体事件。

《将相和》的故事，大家应该都很熟悉。廉颇为什么要向蔺相如负荆请罪呢？因为他理解了自己的傲慢与轻视将会不利于赵国的安定。假如一国的两位文武重臣不和，必然会给虎视眈眈的秦国以可乘之机，赵国就有可能随时被秦国灭掉。

团队中的负能量，影响最大的就是队伍的团结。企业领导者若想把自己的团队建设成一支有战斗力的队伍，就要凝聚人心，保持队伍的团结和稳定，剔除害群之马。

团队是每个员工的团队，如果把企业比喻为一只船，那么它只能朝一个方向前进，那就是企业既定的目标。既然登上了企业这只船，领导者与员工就都是船上的一员，都要与这艘船同舟共济、生死与共。

在华为，员工上岗培训的第一项就是军训。其主要目的是增强新员工的纪律性和集体主义意识，努力打造出一支优秀的团队。华为老总任正非在《致新员工书》中写道："华为黏合全体员工团结合作，

走群体奋斗的道路。有了这个平台，你的聪明才智方能很好发挥，并有所成就。没有责任心，不善于合作，不能群体奋斗的人，等于丧失了在华为进步的机会。"华为非常厌恶的是员工的英雄主义，主张的是团队作战。

"胜则举杯相庆，败则拼死相救"，任正非和华为对集体主义推崇备至。要保证企业的战略部署得到执行，就必须要把集体主义放到最重要的位置上。企业要发展，离不开员工的努力，而集体主义则是员工努力的方向指引。

著名成功学家戴尔·卡耐基说："事业上的成功，20%是基于专业能力，80%要靠人际关系以及与人合作的品行。"机会不是个人争取到的，而是团队创造的。管理者必须要在团队内部树立"团队帮助我成功"的理念。

顶夸克，这项物理学的重大发现是由两个实验组的800多人携手完成的；Windows2000的产品研发则是由超过3000名软件工程师和软件测试人员共同参与完成的。

一流的团队既要有一流的人才，也要有一流的合作精神。一滴水放入大海，才能永不干涸；个人能力的实现，注定离不开团队的影响。比尔·盖茨如果没有保罗·艾伦、史蒂夫·鲍尔默等一批帮手的鼎力相助和手下那些聪明绝顶的软件工程师的奉献，微软根本不可能成就IT业的龙头老大。

领导者除了要勤于"杀毒"，及时清理团队中的负能量外，最重要的是要在团队内部贯彻一种合作意识：无论是谁都不要主动侵犯他人利益，不要去和同事计较小事；尽量站在他人立场上考虑对方的感受；认真了解每个成员，不低估任何成员的价值；虚心向他人请教或寻求帮助。团队内部建立良好的人际关系，形成一个激发潜能的和谐氛围，团队的敬业程度将会空前强大。

8. 互帮扶：创造人性化的工作环境

人性化管理，创造良好的工作环境是核心，其他问题都是围绕这个问题展开或者是这个问题的一部分。在愉快的工作环境中，员工们都会非常享受与同事一起奋斗的过程，因而也更容易提高工作效率和工作质量。

另外一方面，还要打造一个关怀环境。也就是说，在管理过程中要多些人情味，管理者与下属之间、老员工与新员工之间要互相帮扶，为彼此赋能，为组织整体的发展提供更多的动力。

比如，对于新员工，管理者不能直接安排完工作就了事，除了每日必要的关怀、关心外，还要担当起一个"教练"的职责：我做你看，我做你做，你做我看，修正教导对方。换句通俗的话说就是，扶上马再送一程，而不是扶上马以后，自己站在一旁看着人摔下来。

此外，老员工也要主动去关怀、帮助新员工，让新员工更快地适应并融入组织的工作氛围之内。当然，在实际中可能会存在一些相反的情况，像有的老员工自己工作不积极，还整天跟新来的员工说："你怎么来这里了，我们都不想干了。"说了很多年，劝走了不少刚做没几天的新员工，他自己却始终不走。这样的人，就属于那种不帮不扶还拆组织台的"害群之马"，我们一定要及时发现并将其清理出去。

一般来说，创造人性化的工作环境，都是员工所期望的。人性化最重要的体现，也就是每位员工的兴趣爱好、行为方式和愿望等都能受到尊重。这就要求管理者要经常与员工进行交流，切实了解自己的员工，包括员工的学历背景、过去的相关工作经历以及日常交往情况

等，只有在尊重员工个性及喜好的基础上，才能对症下药，更好地帮助他们提高工作能力。

管理者对于员工的指导、帮扶，可供参考的方法有以下几种。

第一，利用部门内部会议安排指导时间。在开会的时候，可以留出一定的时间，请员工发问，然后针对他们提出来的问题加以分析、指导。

第二，日常工作中，随时可以对员工进行指导。例如，在谈判过程中，与客户讨价还价的时候，可以让员工坐在旁边观察。谈判完成后，管理者就可以对员工进行指导，告诉他在刚才的场景中，有哪些方面是需要注意的。

第三，管理者可以利用 QQ、微信等即时通信工具，把部门员工加入一个群内，让大家随时在群里交流工作，分享知识。

照顾和培养员工，是管理者的应尽之责，因此每个管理者都应该以爱心来对待员工，并且要有耐心。后者是很难做到的，因为很多管理者往往工作一忙起来，分身乏术，哪还有心情去指导自己的员工。所以，这就需要管理者能够设身处地地多为员工着想，而员工也要对管理者多几分理解，互相帮扶，彼此促进。

第五章

赋能组织：实现持续增长的关键

那些持续增长的企业，一般都具有以下四种特质：第一，它们拥有增长思维，绝对不允许自己不增长，绝对不以经济环境不好作为借口，在任何环境下都要求增长。第二，它们一定会实现自我变革，即自驱变革，它们能不断否定自己，不断超越自己。第三，它们非常符合市场规律，永远站在顾客的立场上来寻找机会。第四，它们具有管理不确定的能力。

过去我们做管理非常注意管控，注意权限，注意服从，但是今天，最重要的是让我们的组织，让我们的每一个人都有能力，这是组织管理的根本性转变。

1. 组织思维：形成持续增长的惯性

组织思维有两种，即增长型组织思维和非增长型组织思维。非增长型组织思维，主要体现在把 KPI 完成，不做冒险，不做新的突破，按部就班。而增长型组织思维则不满足于 KPI，并不断尝试新的东西。

拥有增长型思维的企业，它们在任何情况下看到的都是机会，不惧怕挑战和压力。而当你对环境变化存在焦虑时，可能就是你的组织思维方式错了。对于那些勇于创新的组织而言，在如今瞬息万变的商业市场中，机会是如此的丰富和多元。

在企业的发展过程中，尤其需要注意组织思维对企业的影响，当一个组织平稳发展时，最怕的就是怠惰，集体疲劳，故步自封，活在自己过去的功劳簿上。如果缺乏增长型思维，那么这样的组织已经在开始自己淘汰自己了。

进入互联网时代，信息技术的发展和运用，导致企业经营环境发生急剧变化。企业成长的可持续性，已经成为领导者面临的重要课题。创新渗透到企业的方方面面，包括产品、技术、服务、管理等。

反思各个行业，很多传统企业都在加速转型，从产品、技术、服务等方方面面寻求与互联网的结合。但在整个过程中，往往最易被忽视的是企业管理的革新，旧的管理制度一定无法跟上互联网发展的步伐，只有企业管理者认清时代趋势，从公司管理理念出发，同时有效借鉴创新型企业的管理之道，才能够从本质上成功转型，赋予企业新的灵魂。

企业成功的标志之一是提供社会需要的产品或服务并获利。

比如麦当劳，它既是一个快餐店，也包含了一种文化，因此它能够在全球许多地方开了许多分店。国内也有很多快餐店模仿麦当劳，甚至有的在国内发展得也相当成功。不过这仍然属于"拷贝"，只有把店开到世界各地去，让世界各地的人都能够见得到，才算是创新成功了。

创新就是在原有资源（工序、流程、体系单元等）的基础上，通过资源的再配置、再整合（改进），进而提高（增加）现有价值的一种手段。

企业发展如逆水行舟，不进则退。那么，增长型组织该具有怎样的思维模式呢？

在过去很长一段时间里，由于资源和资本的稀缺性，所以它们的支配力要更大一些。但是现在情况变了，不论是现在还是未来，人才及其创造力将会成为稀缺资源并具有决定性。资本和资源要附着在人才的身上，才能发挥其真正的价值。

人们更加清晰地知道，人的创造力决定着企业的成败。对于企业组织而言，人才培养重要的是价值共性的形成，有明确的价值观指引，才能保证行动的有效性。也就是组织对于人才的约束性。

对于人才本身来说，他们具有创造性，但是同时也有破坏性，因此共同价值观的约束是一个极为重要的前提条件。

一个没有任何约束力的人才，并不是组织所青睐的。只有价值观共识前提下的创造力，才是组织需要的。有了这种创造力，组织才能形成持续增长的惯性。

2. 自驱变革：不断否定自己，不断超越自己

"自我超越"是奥地利心理学家维克多·弗兰克提出的一个概念，他认为人真正追求的不是自我实现而是超越自我的生活意义。这种追求包含了对自然界、人类社会和文化以及人在其中所处位置的探索和理解，目的是更好地把握人生，更有意义地去生活。对人生意义的追求不是满足于自我的平衡状态，而在于一种自我的超越，表现为勇于承担责任，敢于冒风险，并不断地创造。

自我超越是指一个人总是能认清自己真正的愿望，为了实现愿望而集中精力，培养必要的耐心，并能客观地观察现实。这是建立学习型组织的精神基础。一个能够自我超越的人，一生都在追求卓越的境界，自我超越的价值在于学习和创造。

自我超越指的是突破极限的自我实现，强调的是自我的进步、发展。它有两个前提，一是认知自己的"愿景"，二是认知自己当前的真实状况，二者之间的差距，如图5-1所示。

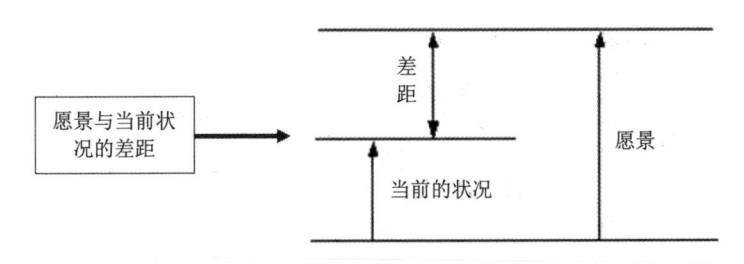

图5-1 愿景与当前状况的差距

企业在起步阶段，自我超越更多地体现在创业者自身的学习能力上。凡是优秀的企业家，都是擅长学习的人。可以说，企业家最重要

的素质之一就是强大的学习能力。而一个企业从小到大的过程，实际上也是领导者不断学习的过程。领导者不但要学习如何做业务，还要学习如何做管理、如何做决策、如何看财务报表等。等企业做大了，他甚至还要研究宏观经济，研究全球经济，研究企业兴衰的规律。

不断学习，不断否定自己，并且不断超越自己，这就是企业家的自驱变革。可以说，企业在发展的过程中，每上升一个台阶，领导者都需要去学习大量的新知识。否则，他的能力就跟不上企业的发展，而一旦领导者的能力跟不上企业的发展了，企业也就失去了发展的空间。

因此，创业者要想成为一个出色的企业家，成为一个成功的人，没有强大的持续学习能力，是根本不可能达到目标的。因为，在与竞争对手的竞争中，谁学得快，进步得快，谁就能更快地具备竞争优势，更容易取得成功。

创业者自身可以通过各种方式进行学习，而当企业初具规模之后，这时强调的不仅仅是企业家自己的学习，而是整个组织都要学习，这就涉及组织的学习方式问题。

组织的学习方式总体上可以分为四种：从实验中学习、从内部的持续改善中学习、向标杆企业学习以及提升员工能力的学习方式。无论是哪家企业，它们的学习方式都不外乎这四种。当然，有的企业可能会采用多种方式学习，但侧重其中的一种，而有的企业则只采取其中的一种学习方式。

持续改善是最受企业欢迎的一种学习方式。采取这种学习方式的公司，通常强调在现有的产品、流程和技术上不断改进，以达到学习目的。这种学习方式要求全体员工的高度参与。通用电气公司就是实行持续改善学习方式的典范之一。

提升员工能力的学习方式，企业会通过吸纳或者培养新能力、新技术来达到员工能力提升的目的。像摩托罗拉和思科等高科技公司，都普遍采用这种学习方式来壮大公司的实力。

实验学习是最能增进组织竞争力和创造力的学习方法。这种学习方式是指组织通过尝试新构想、新产品和新流程达到学习目的。3M公司是实验学习的典型代表。

标杆学习是以借鉴别的公司的经验为主的学习方式，主要是了解、分析别人的运营方式及最佳实践，然后对其进行消化，改良为我所用。像三星电子和联想都强调这种学习方式。

对于创业公司，最主要的还是找到适合自己的学习方式。在上面提到的四种学习方式中，最适合创业公司的学习方式无疑就是标杆学习。找到跟自己做类似产品的公司，借鉴其运营模式和先进经验，这样公司的发展便有了依据，不再是摸着石头过河，公司的进步就会很快。毕竟在没有成为行业领袖之前，跟着标杆走，可以少走很多弯路。

等发展壮大之后，公司就可以根据自己的发展战略和所在行业的具体情况，灵活选择前面提到的学习方式，既可以选择其中的一种，也可以多种学习方式并用。总之，只要公司内部始终保持着一种持续学习的状态，它的竞争力就不会变弱。

对于任何一家公司而言，学习都是一件大事，它关系到企业的未来。但是必须强调的是，学习对企业而言是一个系统工程，企业要想有一个很好的学习氛围就要做好系统规划。很多企业在发现公司的人才不能发挥作用的时候，才敦促他们学习，这就是缺乏规划系统的表现。因此，任何一家有志于做大做强的公司都必须从一开始就搞好学习系统和知识系统的建设。

看一个人有没有前途，有没有真正的竞争力，主要是看他的学习能力。看一个企业有没有未来，有没有持续发展能力，也要看这个企业的学习能力。学习能力的强弱决定着竞争力的大小，决定了将来的发展前景。所以，不论是企业还是个人，想要超越对手，拥抱未来，就要持续不断地努力学习。

3. 市场规律：永远站在顾客那一端

如今的市场竞争越来越决定于用户需求，尤其是在互联网应用领域，用户体验直接决定着企业的市场份额，因此，企业只有拿出最能切合用户需求的产品和服务，带给用户最佳的应用体验，才能在市场竞争中脱颖而出。

Twitter 的 CEO 埃文·威廉姆斯谈到 Twitter 的成功时说："用户体验就是一切！它一直都是，它也一直被低估，被冷遇。如果你不知道什么是 UCD（User Centered Design，以用户为中心的设计），赶紧去研究一下，聘请懂它的人才。为它着魔，与它同呼吸、共命运，让你的整个公司都登上这条'贼船'。"

企业只有把用户体验作为产品创新的根本，把满足用户需求作为企业经营的主旨，才有可能领导市场，百战不殆。

我们说，沟通是挖掘用户需求的关键。而要做好沟通，就需要提前设计好沟通的内容、沟通的方式以及与用户沟通的具体问题等。

沟通最关键的就是环境，越是非正式的场合，越容易发现用户的需求。如果你只是单纯地拜访用户，估计很难发现其真实的想法。因为你是作为商务代表去做拜访，用户会处于高度戒备的状态中，时刻警惕，所以很难打开心扉。

商家往往存在海量的潜在用户，去研究每一个用户，逐个考察用户的痛点和需求，这又不太现实。一个行之有效的方法是找出有代表性的典型用户，将痛点集中到典型用户的小数据上。

比如，小米选择的典型用户是发烧友，在进行产品设计和用户体验优化时，重点考虑对产品有着深度研究的发烧友的需求，这样就能够给发烧友带来深度体验，同时又能满足普通用户的基本需求。

对于电子商务企业来说，客服是直接与用户沟通的途径，它直接决定着企业的服务质量和对外的品牌形象，因此，雷军极其重视小米的客服环节。

小米的微博客服是它的一大特色，在新浪、腾讯两大主流微博网站上，小米都开通了企业微博，广大用户在微博上针对小米公司或者小米手机提出问题，客服都会在半小时内做出回应。

除微博客服外，小米还有电话客服、网络客服，客服团队达到了400人以上的规模，而且这个数字一直在持续的增长中。雷军希望通过不断加强客服团队的建设，早日实现24小时为米粉服务的目标。

小米客服的工作宗旨是：提升服务质量和米粉交朋友，它的口号是"我要这样持续地、专注地、热情地、认真地、微笑地为你服务，亲爱的米粉，你是我挚爱的朋友"。小米一直在强调"与用户做朋友"，这是与小米的粉丝文化一脉相承的。

值得强调的是，雷军本人就是小米的"头号客服"，"我一周上六天班，其中有五天是在小米。我每天都要登录小米论坛和我的微博，上面有许多网友甚至是米粉的留言，我特别关注这些意见。有些好的意见，我会和同事们商量予以应对。"用户有很多关于产品功能的好建议，都是通过雷军这个"头号客服"，及时地得以体现。除雷军外，小米科技的主要成员每天都要花2～3个小时泡在论坛上和用户沟通、发掘用户需求。

通过客服收集用户需求，然后由客服把意见反馈给相关部门，是很多电子企业的惯常做法，小米觉得这样是远远不够的，它主张公司的所有人员，包括研发、设计都要到一线与用户沟通互动。在这种理念下，小米科技的用户论坛和开发组的Bug管理系统实现了直接对接，

用户有新需求和新想法随时都可以与开发组人员进行互动。

只有理解了用户的需求，你才能知道用户需要什么，才能更好地为用户提供产品和服务，才能让用户满意，才能取得意想不到的额外收益；而且，只有满足了用户的需求，你的产品和服务才能更好地打开市场，才能有稳定的客源。当用户的需求得到满足的时候，他们会产生强烈的满意感，就会通过口耳相传，扩大你的口碑，你的业务也会越做越大。

移动互联网的出现，不仅在最大程度上消除了信息的不对称，还让品牌的附加值更加趋于合理化。小米的成功告诉我们，决定产品竞争力的并不是单一的产品特色，而是综合体验。产品本身不是目的，它只是用户解决问题或满足需求的一种手段……而所有的这一切，都要以理解用户的需求为前提。

如今，大多数人都了解小米手机的三大特点：功能齐全、价格实惠、配备高端。靠着这几点优势，在苹果、三星等大牌手机充斥的王国里，小米手机用自己的出其不意之势，让人们对国产智能手机的认知发生了改变。

小米的成功再一次告诉我们，品牌的最大意义并不在于获得超额利润，而是获得用户的忠诚，让用户产生持续购买行为，并推荐给周围的人购买。只有把用户需求放在首位，走到用户生活中去，理解用户、支持用户，才是最明智的做法。

4. 强劲增长：具有管理不确定性的能力

我们都知道，企业有了目标才有发展的方向和动力，但是目标的确定不能是盲目的，尤其是不切实际的目标，它会把一个企业拖入死亡的境地。

比如，当年巨人大厦倒塌的悲剧，现在依然让人记忆如新。"巨人大厦从 38 层一直长到 72 层。好大喜功，我真是昏了头！"史玉柱如是说。

1992 年公司决定建巨人大厦时计划盖 19 层，后来改为 38 层，但由于种种原因最后竟定为 72 层，而巨人集团 1992 年可用于大厦建设的资金连十分之一都不到。由于 1994 年底到 1995 年上半年是巨人效益最好的时候，公司认为没有银行贷款也可顺利建成大厦。在公司错误的形势估计下，巨人集团没有去银行申请贷款，而当 1993 年下半年他们想去贷款时，全国宏观调控开始了。

直到 1996 年 5 月，史玉柱依然根据此法来建造大厦，他把各子公司交来的毛利 2570 万元净留下的 850 万元资金全部投入了巨人大厦。当时，全国保健品市场普遍下滑，巨人集团也受到了很大的影响。

更不巧的是，巨人大厦正巧建在三条断裂带上，为解决断裂带的积水问题，大厦多投入了 3000 万元。期间，珠海还发生过两次水灾，整个工期耽误了 10 个月。1996 年 9 月 11 日，巨人大厦终于完成了地下室工程。同年 11 月，相当于三层楼高的首层大堂完成。此后，大厦即将以每五天一层的速度进入建设的快速增长期，但是，此时的史玉柱已经没钱了。

为了保证巨人大厦的施工进程，巨人集团不断想办法往里投钱，最后终于导致了公司的破产。盲目地猛冲猛打、冒险冒进的做法，硬生生地将一个"巨人"拖垮了。

一个企业要想长久地发展，就要根据自身情况稳扎稳打，不切实际的目标是达不成的。风头盛时目标更要稳。给组织赋能，就是使组织具有强劲的增长势头时，也要具有管理不确定性的能力。

反思巨人集团的失败，我们会发现，那时它正处于高速发展的阶段，前途一片乐观。在这一片大好的形势下，史玉柱的野心开始膨胀，他采用给公司制定更高目标的方法来实现企业火箭式的发展，盲目乐观，而没有全面考察公司的整体情况能否达成目标，也没有考虑到公司发展的外部条件，只是一味地认定公司会继续高势头地发展下去。

巨人大厦的案例，给企业家们敲响了警钟，在企业发展势头良好的时候，千万不要被胜利冲昏了头脑。想一步登天是不可能的，为了企业的长远发展，还是应该稳妥布局，尽可能地想到一切不确定的因素，并为之做好谋划。

那些经历过多次危机而仍岿然屹立的长寿企业，大多拥有一个共同点，即相对稳健而保守的财务政策及财务结构。这些企业都不是通过大举借债来实现自己的快速发展的；它们对于利润的追求也相对稳健，能够很好地把资金配置与战略目标联系起来。

长寿企业从不轻易用自己的资本去冒险，而其良好的资金配置能使其足以应付企业成长的需要。相反，很多企业没有长远的战略目标，当手中资金充裕时就盲目浪费，需要资金时却又捉襟见肘，这说明它们不清楚资金的使用方式，也不明白长期利益比短期利益更重要的道理。持有现金能够支持企业适时地捕捉到机会或更好地应付危机。在世界500强中排名靠前的宝洁和思科，都曾表示要维持合理的资产负债率，这也是这些企业度过历次重大危机的法宝之一。

微软也是一个很好的例子。微软公司不仅没有负债，而且还拥有500亿美元的现金。在 IT 业的低潮期，这个软件巨人变得更加不可战胜。比尔·盖茨进入任何一个新兴领域都会令人不寒而栗。在新兴行业的资金消耗战中，不论是自己投入资金研发用以竞争，还是直接买下竞争对手，微软都显得游刃有余。

在当今的互联网时代，组织管理遇到的最大难题是，环境是不确定的，而且这种不确定性会成为常态。驾驭不确定性是企业管理者都要掌握的核心能力，只有拥有应对不确定性的能力，才有可能把不确定性转为机会，让自己的企业实现强劲增长。

5. 组织心态：善于应对不确定的未来

恐龙这种庞大的动物是怎么灭绝的？恐龙没有天敌，很多动物见了它们都会退避三舍。长此以往，它们就习惯了这种情形，所以当危机到来的时候，恐龙的反应十分迟钝，几乎没有任何防范意识，从而导致了它们的灭亡。

我们的时代变化很快，竞争变得日益激烈，如果没有强烈的危机意识和对未来的准备，即使一个企业或者个人已经做得相当成功，也会不可避免地走向失败。因为任何优势都只是暂时的，时代在变，对手在变，敌人随时都可以超越我们。而且我们越发展，竞争对手实力就越强，竞争也就越困难。所以，企业如果没有危机意识，就很可能会像恐龙一样，成了昙花一现的英雄。

公司领导最容易出现工作疲惫感，特别是当企业做到一定规模的时候。公司比较小的时候，公司领导还能凭着对市场敏锐的嗅觉前进，凭着自己的胆略和行动迅速占领市场，并获得发展空间。

而公司一旦具备一定规模，公司领导就会强调管理的规范化，决策的科学性，再加上自满情绪的滋长，很可能会丧失当初的奋斗激情。这样的公司表面上一片繁荣景象，实际上危机四伏。

应对这种情况，公司领导必须调整心态，既要拥有将企业做大的理想，又要保持小公司创业的激情。

创业精神是永远不能丢的，正如雷军所说："创业没有终点，我们永远在路上。"海尔总裁张瑞敏也说过："自己永远都是创业者，而不是所谓的'守业者'，所以自己每天都是'战战兢兢，如履薄冰'。"

可见，对于每一个企业和企业家来说，创业精神是永远不能丢的。

什么是创业精神呢？就是创业者通过创新的手段，将资源进行整合和有效利用，为市场创造出新的价值。创业精神是一种能够持续创新成长的生命力，不管在哪个阶段，创业精神对企业都十分重要，它是企业竞争力的保证。

事实上，很多成功的企业家都是在这种状态下生活的。沃尔玛的创始人山姆·沃尔顿，在沃尔玛已经成为零售巨头之后，仍会在巴西超市里趴在地上测量货架之间的距离。在竞争对手的市场里，他还会拿着摄像机偷拍，虽然时常被抓到，但是他并不觉得尴尬。虽然自己是亿万富翁，但是他依然保持着一种小企业主的心态。而支持这种心态的正是深刻的危机意识。

娃哈哈的老总宗庆后，也喜欢在全国各地马不停蹄地奔走，考察市场，盘点渠道。他常常会冷不丁地出现在分公司的办公室，把试图掩盖市场真相的部门经理批评一顿。支撑他这么做的，也是一种小企业的创业心态和深深的危机意识。

"华为的冬天来了吗？"任正非非常喜欢用这样一句话来提醒自己的团队。电信是一个竞争残酷的行业，世界上众多电信公司不是发展，就是灭亡，没有第三条路可走。华为面临同样的情况，要想生存，就得发展。

任正非经常给所有的员工敲警钟：如果有一天，公司销售额下滑、利润下滑甚至会破产，我们怎么办？我们公司的太平时间太长了，在和平时期升的官太多了，这也许就是我们的灾难。"泰坦尼克"号也是在一片欢呼声中出的海。而且我相信，这一天一定会到来。

始终抱有强烈危机意识的任正非，在经历了多次大环境的起伏后，对危机更加警觉。因此，他认为企业要想活下去，就要培养一批能够应对各种危机的中层干部。为了应对各种各样意想不到的危机，

任正非还要求华为每个部门都要能够做到"狼狈为奸"——既要不屈不挠，又要精于算计。

没有危机意识、没有保持创业心态的企业家们是怎么做的呢？他们也许天天坐在办公室里看各种报表，虽然这么做有一种运筹帷幄决胜千里之外的感觉，可是公司的前景却也可能会因此而不乐观。很多企业家都是这样失败的。他们在企业向新台阶迈进的时候，没有把握好管理尺度和方法，更没有调整好自己的心态，总觉得自己是在做一个大企业，丢掉了自己最初创业时的那些可贵的品质，最终功亏一篑。

对于那些不断壮大的企业来说，保持一种小企业心态，维护自己创业初期灵活、敏感、高效的做事风格，才是应对危机的有效办法。

预防危机，最有效的手段是深刻了解竞争对手。我们都知道，不管是在职场上还是在企业竞争当中，有一个强大对手的出现，我们的竞争才不会停留在一个相对较低的水平上。对对手的重视，会促使我们振作、觉醒，并发挥出自己的潜能，走向卓越。

现实当中，很多企业对对手的了解都不够。它们可以在产品上花费很大心思，在广告上大笔投入，但是对竞争对手的研究根本不够。这是非常错误的。如果没有竞争对手，消费者自然只会购买我们的产品，根本不用考虑其他因素。但是有市场就有竞争，如果我们没有对竞争对手做充分的了解，那么做出来的各种决策都可能是想当然的，缺乏针对性的。

没有对对手的了解和重视，企业很容易陷入危机。有这么一家汽配企业，它因为获得了为一汽大众提供零组件的长期合作机会，而变得分外乐观。这使得该企业对其他的竞争对手不屑一顾，只关注为一汽大众做配套生产，对其他客户及市场的打理也变得马虎起来，结果与许多客户都结下了矛盾。两年之后，该企业突然失去了与一汽大众合作的机会，不得不回头寻找那些老客户。结果，它发现竞争对手已经把老客户全部夺走了。最后，这家企业因为忽略竞争对手，付出了被其他企业收购的代价。

一些大企业，特别是知名企业，对竞争对手的重视程度远远超乎我们的想象。它们每推出一款产品的调研时间甚至会用一年多的时间，且花费巨大，就连投放一个简单的广告都会参照对手的做法进行反复论证。而有的企业却不这么做，它们常常根据主观判断，在网上收集一些简单资料就决策，对对手也是很少考虑，这样的做法就决定了日后的危机必然出现。

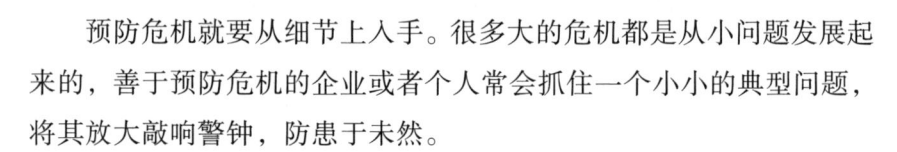

预防危机就要从细节上入手。很多大的危机都是从小问题发展起来的，善于预防危机的企业或者个人常会抓住一个小小的典型问题，将其放大敲响警钟，防患于未然。

我们看海尔公司的例子。

小小神童洗衣机在上海卖得火热的时候，一位上海客户在触摸洗衣机进水口时，小拇指被"毛刺"划伤了。这位客户把这件事告知了媒体，关于投诉的文章很快就写出来了，题目叫《海尔怕什么》。尽管文章的作者对海尔洗衣机非常钦佩，甚至用了 95%的篇幅赞扬海尔，但是这篇文章还是引起了海尔总裁杨绵绵的重视。

在杨绵绵看来，这个小小的毛刺刺伤的不仅仅是用户的手指，更是用户的心。这件事在海尔内部引起大讨论，《海尔人》报的一篇文章指出："海尔面对国内外强劲的对手，可是从未怕过的！那海尔怕什么？我们唯一怕的是我们自己的文化袭击！我们周围有看得见的毛刺，还有我们看不到的毛刺，但最可怕的是我们思想上的毛刺！"

通过对这件事的追踪和反思，海尔人得出结论：物质文化有毛刺，是制度文化出现了问题，制度文化的毛病又出现在管理理念上。"用户永远是对的"，只有在观念上牢牢地树立起这一点，才能彻底消除"毛刺"。

在这个案例里，我们不仅看到了海尔人对细节的高度执着，更看

到了他们对危机的一种敏感意识。强烈的危机感使得他们关注每一个细节，并且及时解决刚露出萌芽的问题。我们常说："细节决定成败。"一个人或者一个企业，如果能够像海尔这样对细节高度重视，许多小问题也就不会发生，那么大的危机也就没有滋生的基础。所以说，预防危机就要从小事做起，从细节着手。

时代呼唤英雄，追崇成功，但是长久持续地成功不是一件容易的事情。一是由于竞争日益激烈，二是危机无处不在。如果不想做昙花一现的英雄，就要具备危机意识，而转变心态、了解对手、抓住细节，都是培养良好危机意识的重要方法。在这三个方面下足了功夫，做事业则事业长青，做企业则企业长青。

第五章 赋能组织：实现持续增长的关键

6. 组织作用：做好员工赋能的平台

组织作为员工赋能的平台，该如何为员工赋能？

赋能就是管好人。我问过许多管理人员：管人重要还是管事重要？大家一般都会回答：当然是管人，因为事是人做的。当我进一步地问：你在实际的管理工作中是管人的时间多，还是管事的时间多？他们这才意识到，实际情况与他们的回答正好相反。

许多管理人员每天都是陷于繁杂事务的管理中不能自拔，忽视了对人心的呵护，有的甚至当员工找上门来想与之倾谈，他都会以没有时间为由拒绝。实际上，管理人员与下属谈话，这是重要的工作内容之一。"天时不如地利，地利不如人和"，"人和"就是指人心所向。

《论语》上讲："君子务本，本立而道生。"管理经历了物本管理、人本管理到心本管理的过程，中国几千年优秀的传统文化是心本管理最强有力的思想武器。中国传统文化运用于现代管理，可以高度地概括为一个字，就是"心"。中国几千年的文化积淀，古圣先贤的思想智慧，无不与修心紧密相连。

真正好的管理，一定要关注人心、触动人心。一切能够赢得员工的心的言行，才是管理要努力的方向。而赢得员工的心的方法，不外乎物质和精神两个方面。物质由市场决定，现实中的绝大多数企业，员工的福利报酬相差不会太大，而精神方面则有很大的空间可以挖掘。

组织是员工赋能的平台，要想赢得员工的心，就要为员工着想，关爱员工，这样才能产生万众一心、泰山可移的效果。

一个没上过一天学，地地道道的农村老太太，居然在短短6年间，白手起家，创办了一个资产达13亿元的私营大企业！这并非耸人听闻。

创造这个真实童话的农村妇女名叫陶华碧，她的名字，许多人也许茫然不知，但提起她的老干妈麻辣酱，却是无人不知，无人不晓。认识她的人，包括员工都亲切地称她"老干妈"。老干妈公司曾名列"中国私营企业50强"第五名，上缴各项税金3.8亿元，产品已出口到美国、澳大利亚、加拿大等30多个国家和地区。

这个连文件都看不懂的农村"老干妈"，到底是如何将企业带上了这样一个让许多科班出生、国外留学的管理专家也望尘莫及的高度，她的创业绝招是什么呢？

有记者曾问"老干妈"："您没有文化，又从来没有学过管理，怎么能取得如此辉煌的成就呢？"

"老干妈"回答得非常好："我虽然没有学过管理，但我当过妈妈。"言下之意，她把员工当作是自己的孩子来对待。记者又问："难道您没有惩罚过您的员工？""老干妈"说："当然惩罚过，不过惩罚的利剑，一定要掌握在妈妈的手中。"

一个视员工为家人的"老干妈"，即使责罚过员工，相信员工也会在责罚中感受到她的那份爱意。成功的企业是相似的，不成功的企业各有不同。我想大家已经悟到了老干妈公司的成功之道。

组织作为员工赋能的平台，必须要给员工提供一个开心的工作环境。

第一，宽敞、舒适的办公环境。对于上了一定层面的人来说，一个宽敞、舒适的办公场所不仅仅是工作的需要，而且会有精神上受到尊重的感觉。

第二，团结和谐的工作环境。在企业内部营造一种良好沟通的工作氛围，让同事们在分工的前提下保持和谐的合作关系，有利于推动工作更好地完成。

第三，被亲情包围的人际环境。人都有归属感和得到组织接纳的欲望，因此，经常举办一些大家感兴趣的集体活动，让大家就像一个大家庭一样一起交流、沟通，有利于营造好的企业氛围。

第四，受到关心的"衣食住行"。比如，在外部资源不是很丰富的地方，企业必须办好食堂；有条件的情况下，企业最好为员工准备好舒适的住宿条件；尽量为员工提供交通方便，如上下班班车、节假日订票等。

总之，作为员工赋能的平台，组织的作用主要体现在它对员工的人情化关怀，以此来凝聚人心，增强员工的归属感，激发他们奋斗的动力和活力。

下 篇

赋能系统，营造整体赋能管理环境

重新定义管理 从管控到赋能

赋能不仅仅是某一个人、某一个团队的事情,更是一项面向全局的整体工作。要将激发企业活力、打造更多赋能型组织,视为公司的一项重要任务,通过持续的自我提升、自我优化,通过文化赋能、战略赋能、会议赋能等方式,不断提供新动力,增强组织活力,从而滋养大大小小组织的发展和壮大。

第六章

文化赋能：文化能激活个体，是一个企业的灵魂

为什么要文化赋能？因为文化能激活个体，是一个企业的灵魂。文化是企业凝聚人才的重要载体，但大多数企业文化形同虚设，根本没有发挥任何作用。

文化赋能的前提是我们要明白：什么是企业文化，企业文化的重要性，以及企业文化对组织成员的影响。

1. 文化是企业凝聚人才的重要载体

很多企业在出现问题的时候，会将原因归结为市场变化快、制度不完善、战略执行不到位、员工不团结等。其实，这些原因的本质都是企业的文化没有搞好。在企业里，文化是无形的，但是它对企业的发展起着潜移默化的作用。是否具备优秀的企业文化，决定了企业经营的各个方面。

企业文化虽然无形，但是它并不是说不明道不清的。就像我们吃馒头的时候不会想到水，但是没有水，面不能凝结，馒头也做不出来。水对于企业而言就是价值观、学习氛围等无形的东西，概括起来就是企业的文化。企业文化渗透在企业的每一个环节，虽然无形，但是起着至关重要的作用。企业的一切，靠的就是文化的凝结。

一提到企业的竞争力，人们马上想到的可能就是产品的质量和技术的领先，而很少有人想到企业的文化建设。事实上，企业的文化建设表面上看是"务虚"的，但实际上是有着其实实在在的作用的。

一个企业如果不注重企业文化的建设，不注重文化赋能，那就好比是一个人不太重视维护自己的声誉，久而久之，人们对他的信任感就会逐渐消失。而且，一个企业如果没有文化的支持，也就不会赢得市场的长期认同。同样，要想锻造一个有广泛影响力的企业，如果不重视企业文化的建设，那再好的愿望也只能是海市蜃楼。

文化是企业凝聚人才的重要载体，通过文化赋能，能够使优秀的企业文化成为一个企业的灵魂，促进企业的发展。反之，如果任由一种消极失败的企业文化蔓延，也可能会导致企业的消亡。

我们以宋朝末年的一段历史为例，姑且把当时的整个国家比喻为一个大的市场，那么大宋集团就是占据市场主导地位的龙头老大，而梁山兴起的水浒集团则算一个后起之秀。我们从水浒集团的发展进程，就能看出一家企业的文化对其到底有多重要的作用。

水浒集团的前身是白衣秀士王伦兴办的梁山泊家族式小作坊，后来晁盖强行注入资本，改名为水浒集团。在晁盖的领导下，该企业形成了"除暴安良"的梁山文化，提出了"杀富济贫、除暴安良"的企业使命，以及"有福同享、有难共当"的企业价值观。一时间，水浒集团广招天下英雄，全国闻名。大宋集团不得不采用各种手段来抵挡水浒集团的进攻。

为了水浒集团的进一步发展，晁盖不惜以重金招纳了大宋集团内部的职业经理人宋江。在大宋集团，宋江只是一个基层干部，但是他为人大方，善于交际，在江湖上混得很有名气。虽然他"跳槽"到了水浒集团，但是对大宋集团还是有很深的感情的。晁盖病故之后，宋江接班成为该集团的第二任领导。在宋江的带领下，水浒集团刚开始也算发展兴旺。但宋江抵不住大宋集团高官厚禄的诱惑，时时刻刻想着水浒集团能够被其并购。于是，他上任之后，进行了企业文化改制，打着"替天行道"的幌子提倡"忠孝节义"，积极为大宋集团的收购做准备。

但这种文化只代表了部分领导的意愿，得不到员工的支持。林冲、武松等人更是极力反对并购，结果水浒集团的凝聚力下降。最终，水浒集团还是被大宋集团并购。并购之后，水浒集团的骨干成员不断受到排挤和报复，死的死，出走的出走，最后水浒集团分崩离析，彻底垮掉。

水浒集团的兴旺发达，靠的是凝聚人心的"除暴安良"的企业文化，而它的衰败则是由不良的山寨文化引起的。由此可见，企业文化的好坏决定了企业竞争力的强弱。柳传志说过："小企业做事，大企业做人。"企业文化就是企业的灵魂，一个人背离其灵魂就不能长远发展，一个企业背离其文化也不能实现其愿景。

企业文化是当今企业管理体系中最不可捉摸而又经常发出不和谐之声的"幽灵"。一方面我们震慑和憧憬于葛鲁夫大喊的"企业文化是英特尔的核心竞争力"和西南航空高唱的"对手唯一不能模仿的就是我们的文化"，另一方面我们又迟疑和迷惘于企业文化到底能起到多大作用以及如何让它起到作用。

总之，企业文化似乎是一个只能看到结果却不知道过程、只可以意会不可以实实在在把握的"模糊"管理工具。企业文化作为企业构建核心竞争力的重要命题，是企业软实力的主要表现，为企业的持续发展提供"空气"，它对企业的重要意义，如图6-1所示。

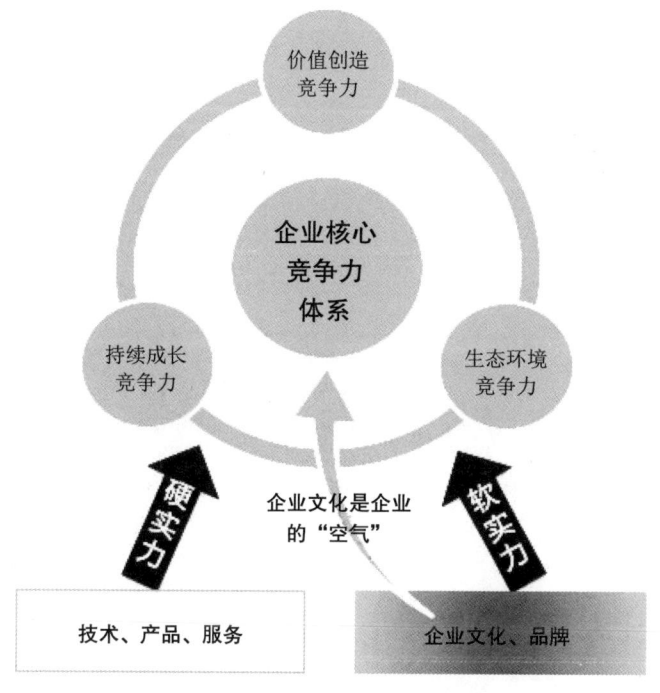

图6-1 企业文化对于企业的重要意义

由此可见，企业文化能在组织中产生6种力量：凝聚力、激励力、约束力、导向力、互动力、辐射力。

凝聚力：将个体凝结成高效统一的组织；

激励力：良性的机制催人奋进；

约束力：规范和约束组织、个人的行为；

导向力：对组织、个体的目标进行引导；

互动力：与组织中的硬要素互动，促进组织进步；

辐射力：能进一步影响到同业、社区、社会等。

2. 文化是让能犯错的人不想犯错，制度是让想犯错的人不敢犯错

职场中的每一个人，接触最多的恐怕就是企业文化。企业文化是企业在长期经营过程中逐步形成与发展的、带有企业独有特征的价值观念和思维方式以及其外化的企业行为规范的有机统一。

企业文化是发展变化的文化，是企业在发展过程中形成并为全体成员遵循的共同意识、思维方式、价值观念、行为规范及准则的总和，如图 6-2 所示。

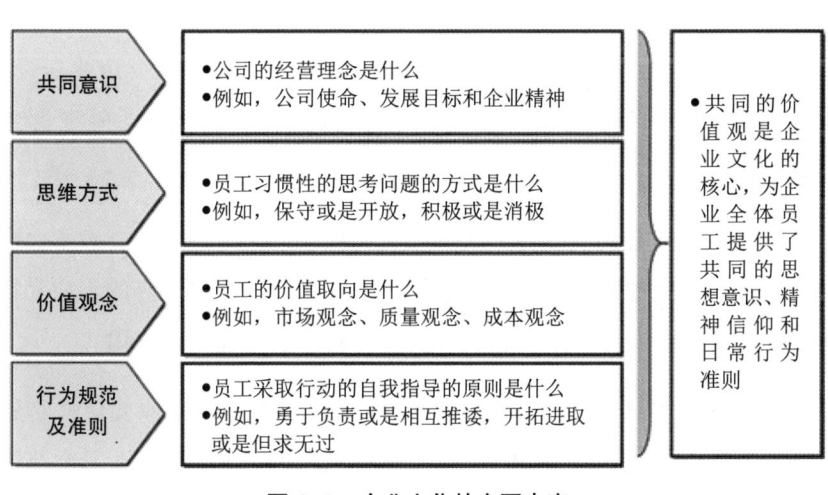

类别	说明	核心
共同意识	• 公司的经营理念是什么 • 例如，公司使命、发展目标和企业精神	共同的价值观是企业文化的核心，为企业全体员工提供了共同的思想意识、精神信仰和日常行为准则
思维方式	• 员工习惯性的思考问题的方式是什么 • 例如，保守或是开放，积极或是消极	
价值观念	• 员工的价值取向是什么 • 例如，市场观念、质量观念、成本观念	
行为规范及准则	• 员工采取行动的自我指导的原则是什么 • 例如，勇于负责或是相互推诿，开拓进取或是但求无过	

图 6-2 企业文化的主要内容

文化和制度不同。文化是让能犯错的人不想犯错，制度是让想犯错的人不敢犯错。制度是强制的，文化是无形的。企业文化与企业的规章制度刚柔相济，是维系企业永续发展的两大制胜法宝。两者的区别如图 6-3 所示。

第六章 文化赋能：文化能激活个体，是一个企业的灵魂

117

	企业文化	管理制度
管理性质	•柔性管理	•刚性管理
控制方式	•以人为本，依靠人的自我控制和主观能动性	•对人的行为进行外部控制
相互关系	•积极的企业文化是企业制度的有益补充	•合理的企业制度推动企业文化的良性发展

图6-3 企业文化与制度的区别

企业文化和制度是不同的概念。从管理哲学的角度看，企业文化就是以文化为手段、以管理为目的的文化管理模式，汲取传统文化精华，结合当代先进管理思想和策略，为企业全体员工构建一套明确的价值观念和行为规范，提升公司管理水平。

综上所述，企业文化就是在社会大文化环境影响下，组织在适应外界环境和整合内部的过程中获取的，由少数人倡导并得到全体成员认同和实践所形成的价值观、信仰追求、道德规范、企业目标、管理制度、行为准则、传统习惯、经营特色、管理风格、外在形式等的总和。

企业文化对公司成员是一种"软"约束，而不是硬约束，它不会自动支配企业的资源来达成企业的经营目标；企业文化对外界的客户和社会产生间接的影响，对市场拓展以及市场营销活动起辅助作用。

企业文化发生作用具有"软性"的特点，不能用企业文化代替经营管理。尽管企业文化有若干作用和优点，但它仍然代替不了企业的经营管理和日常运作，在建设企业文化的过程中，公司决策层对此要有清醒的认识。

如果以三条线来表示企业的状态，第一条是长青线，第二条是标准线，第三条是死亡线，如图6-4所示，制度管理处于标准线上一点，而文化管理的位置则超出标准线很多,接近长青线,由此可以看出,文化管理对于企业的作用要优于制度管理。因此,面对日益激烈的市场竞争,企业迫切需要塑造优秀的文化来激发员工的凝聚力,以提升企业活力。

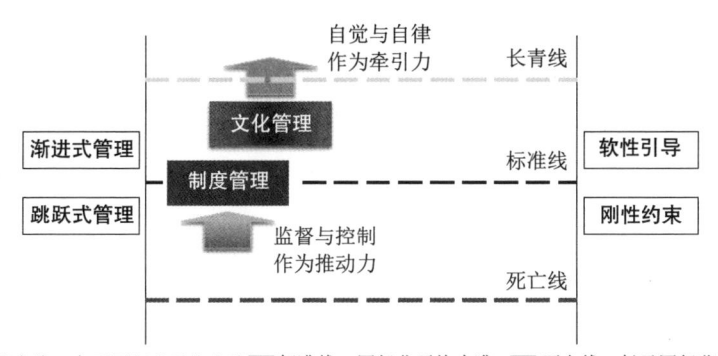

图 6-4　文化管理和制度管理对企业状态的不同影响

以强制来达到管理目标的刚性管理是迫不得已的下下策,企业更应该倡导一种文化管理,以员工的自省、自觉、自律作为内心的激励力,让员工忘记制度的束缚,促使员工超越标准、超越自我。

管理专家科特通过 11 年的文化考察得出结论:凡是重视企业文化因素特征(消费者、股东、员工)的公司,其经营业绩要远远胜于那些不重视企业文化建设的公司,如表 6-1 所示。

表 6-1　重视企业文化与否的绩效差异比较

绩效差异比较	重视企业文化	不重视企业文化
总收入平均增长率(%)	682	166
员工增长率(%)	282	36
公司股票价格增长率(%)	901	74
公司净收入增长率(%)	756	1

法治靠制度，心治靠文化。一个企业如果只有文化没有制度，要么自然推动，要么软弱无力；一个企业如果只有制度没有文化，要么执行有力，要么执行崩盘。只有文化和制度软硬兼施，才能发挥出巨大的威力。企业要持续强大，就必须打造一个具有强大凝聚力的企业文化，并通过有效的制度，把它贯彻到底。

3. 文化无形中对员工进行了赋能

进行企业文化建设，通过文化赋能，是实现基业长青的战略举措。无论是外部适应还是内部整合，无论是战略支持还是团队凝聚，无论是品牌宣传还是战略宣贯，有志向的中国企业都应该进行卓有成效的企业文化建设，如图 6-5 所示。

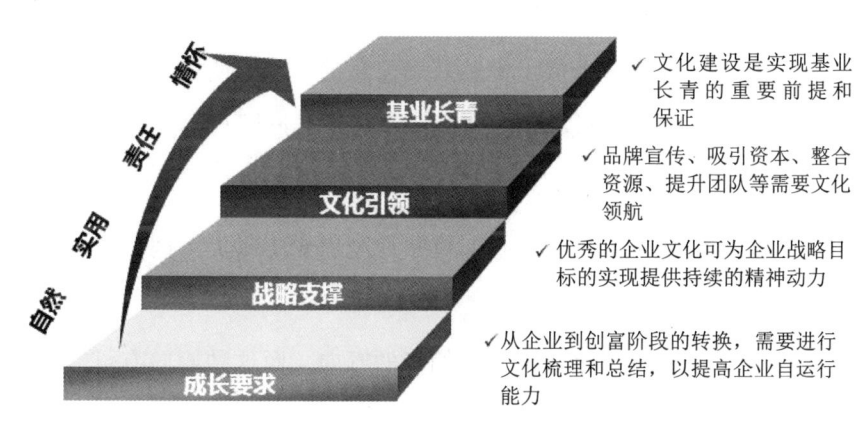

图 6-5 企业文化建设的重要性

当前国内企业在企业文化建设方面面临着一系列需要解决的关键问题：企业文化管理缺乏系统化，没有专门的文化管理职能和相应的一系列管理制度，使企业文化的更新和发展得不到有效保证；企业文化管理偏于简单化，没有系统制定与企业发展战略相适应的一整套包括理念层、制度层和物质层的企业文化；企业文化形成比较主观化，没有发动广大职工参与，仅仅是依靠领导的思想和认识，不能完全反映企业员工的心声；企业文化推行陷入悬空化，由于动员与组织不充分，企业文化没有很好地深入人心，高层领导的思想、企业的发展目标不能有效地贯彻到基层……缺少企业文化就犹如"缺钙",企业很难挺起自己的腰杆。

老子说:"天生万物生于有,有生于无。"意思是说有形的东西受无形的东西支配,在企业里这个无形的东西就是企业文化,一个企业能否发展,取决于有没有自己的文化。

美国一家报社记者曾经问张瑞敏:"你在企业中应该扮演什么角色?"张瑞敏回答:"第一是设计师,在企业的发展中如何使企业结构适应企业的发展;第二应是牧师,不断布道,使员工接受企业文化……"

企业文化的重要性,就在于无形中对员工进行了赋能。

企业文化可以减少员工单独处理信息的要求,使员工的经营活动集中于特定范围的安排之中,减少决策成本,同时可以大大降低经营活动中的不确定性。

企业文化补充了企业正式的行政控制体系,减少了内部实施监督的成本。

企业文化弱化了企业内个人偏好的倾向,而这种倾向有可能使得步调不一致。

卓越的科技堪称高效率工作的润滑剂,帮助效率马达历久常新。不过决定马达功率的终究不是润滑剂的优劣,而是马达本身的质量。用哲学的观点说,就是外因总是要通过内因才能起作用。所以,一个强大的团队,或者一个高速发展的企业,都必须依赖企业文化赋能,来达到持久的高效状态。

聪明的企业家都知道,硬件条件决定了企业的规模,而软件条件才决定着企业的未来。一个高效运作的企业,必然有属于自己的企业文化,这是凝聚人心的感召力。

企业文化如何将一种意识心态转换成工作效能呢？中国人民大学商学院副教授葛建华在《论企业文化对组织效率的作用》一文中做出了解答，他认为企业文化对组织效率的作用机制有两种。

第一是价值认同。个人从组织中获得的结果能满足个人的一定要求，作为回报，个人向组织付出一些精力和才智。在这种工作关系中，个人的需求是丰富的，不仅包括金钱，还有提升、社交机会甚至是工作本身。让个人认同组织的目标和核心理念，实现组织目标，在一定程度上就符合了个人的心理成功的需求，这样个人所花费的精力和才智等要素才会增多。

换言之，就是个人在工作中产生了效率。葛建华指出："发展企业文化是要建立被组织认可的目标和价值观等，这个过程就是要不断强化个人对组织的认同，使企业文化融入整个组织，而个人也会在这样的组织中愿意更加努力。"

第二是组织内部的协同。组织文化是筛选适合组织的人，从而保证组织中的人对组织目标、组织价值观及核心理念、工作方式等具有高度认同感，使之成为提升效率服务的一条纽带。这种关系既体现在不同层级的意识渗透中，也体现在同级合作中。

企业文化和效率的内在联系是复杂多样的，相关的科学论文读起来也往往是晦涩难懂的。不过总是有善于归纳的老师为我们做了一些深入浅出的解释：每一个有卓越表现的企业，其文化核心都落脚于高绩效文化。

每一个企业在创建之初都面临同样的问题：如何为企业发展奠定基础？如何实现高效运作？如何帮助员工实现个人价值？尽管在理念层面企业文化的表述各异，但不能否认一个基本的现实，企业文化的核心是绩效文化。

企业、个人因为效率而产生了不可分割的联系，所以读懂了企业

的文化，就是为自己找到了立足的位置。在企业效率文化中，高效率不再是简单的方法、策略，而是被赋予了更深远的含义。对于高效的企业文化，我们可以从点绩效、线绩效和面绩效三个阶段来理解。

点绩效指的是个人绩效，员工的责任、权利与义务就在于通过自我激励与开发，提升绩效能力，持续地取得高绩效，并据此取得合理的回报。这是效率的初始状态，就像散布在液晶电视上的一个小点。让人有些遗憾的是，不论这一点色彩多么逼真，饱和度多么出众，亮度多么适合，都是一个微不足道的点。但要是这一点坏了，那就是一个坏点，硬生生把一块液晶屏拉入了残次品的行列。

所以，在 IBM 每一个个体都是重要的，他们的价值观是"力争取胜"。IBM 公司总裁路易斯·郭士纳认为：所有 IBM 的员工都有必要认识到，做生意是一个具有竞争性的活动，要么成功，要么失败，没有其他的选择。在新 IBM 中，那些缺乏竞争热情的人将找不到他们的适合位置。

线效率指的是流程的效率及流程中团队或部门的效率。现代社会的商业模型已经发生了巨大的改变，由 20 世纪初的产品或技术导向转向新时代的客户导向。谁能够为客户提供端到端的快速服务，谁就是现代商战中的赢家。在这一点上，国内不少有先见之明的地产开发商都是聪明的先驱，比如万科，尽管还能听到它在哪里拿地的消息，但真正熟悉万科的人都知道，早在房地产市场出现波动前，万科的市场导向就转向了为住户服务的物业功能。在企业内部，线效率表现为以团队的形式运作，使得团队绩效和部门绩效最大化。

同样是在 IBM，我们也找到了线效率的准则："快速行动"和"团队精神"。这一亮点是 IBM 的基本价值观。他们认为自己从事的是一个有关速度和磨炼的事业。他们不能在执迷不悟中做一个完美主义者了，因为完美主义会使他们错失市场良机。在现代的 IBM，成功人士的定义是，动手做事的人，而且是快速而有效的做事的人。

面绩效指的是企业的整体效率，但其衡量指标不是盈利水平或销售额，而是以效率为基础的企业生存能力，是持续地为客户所认可的创造能力，是企业是否优秀和卓越的主要衡量标准。

在业界曾经有一个非常有趣的比喻：大象本来是能跳舞的，因为它有会跳舞的基因，问题是它必须寻找舞台，必须有激情，必须有内在的激活流程，必须有正确的牵引，必须有核心的价值体系。从点到面，这就是让企业这个庞然大物尽情舞动的关键。

将企业文化的核心定位在绩效文化上，郭士纳找到了 IBM 企业文化的魂。他在理智地分析了 IBM 内外部环境的基础上，提出了自己的基本假设，并以此提出了公司新的基本假设。他将 IBM 的企业文化做了正确的回归，回归到企业文化的本质，并以此整合公司的价值主张、流程变革、商业模式和内部管理，为 IBM 的强大发展注入了一剂兴奋剂。现在 IBM 文化的内核就是"高绩效文化"。郭士纳认为，最优秀的企业领导人会给自己的企业带来高绩效的企业文化。他说："作为 IBM 的领导人，你当然需要领导规划和具体的项目。但是你的职责还包括带领员工、建立工作团队，并创立高绩效的企业文化。"

面效率是效率文化的终极表现形式。在很多企业中，企业文化是自上而下传递的，所以控制面效率的关键是企业内部管理层的作用。就像郭士纳所言："拥有高绩效文化的公司，就一定是商业领域的赢家，而且该公司的员工对公司的忠诚程度也很高，除了自己的公司不愿到其他任何公司。"

通用电气前 CEO 韦尔奇也说："我们的活力曲线之所以能有效发挥作用，是因为我们花了十年的时间在我们企业里建立起一种绩效文化。"真理往往是相同的。通用电气的企业文化与 IBM 的企业文化在文字表述上毫无共同之处，但两位 CEO 的话揭示了两个企业文化成功的共同点，这就是企业文化背后的共性：绩效。

当然，在表达越来越含蓄的今天，沿袭了中华民族婉约表达美感

的中国企业不会直白地以效率来鞭策你努力工作，你会看到更多充满人文气息的文化概念。在许多中国企业的文化理念中，以人为本是一个出现频率极高的词。很多人读懂了效率，却迷失在以人为本的概念里。从现代人力资源管理的角度看，以人为本是一个永远都不会错的真理，但也是一个很难付诸实践的真理。许多企业虽然在高扬以人为本的理念，而骨子里依然渴望员工誓死效忠企业，为企业发展贡献全部。

当然，你没有必要抵触效率文化，这是对自己和企业均有益的。因为唯有高效率，才能降低单位产品的成本，产品才具有价格上的相对优势，企业才会有足够的利润空间；唯有高效率，才能先于竞争对手发现并满足客户的需求；唯有高效率，企业才能为客户提供全方位的服务。效率的竞争永远是市场竞争的主旋律。

企业文化的核心定位于绩效文化，是从企业追求利润的基本命题来考量的。员工靠领工资吃饭，企业则要在市场经济中寻求生存空间。市场经济的规则，我们在中学政治课本里都读过了：投入决定回报。商场如战场，企业要取得自己的生存价值和生存空间只能通过竞争，企业之间的生存竞争本质上是效率的竞争，而效率的客观表现就是绩效。

企业文化在无形中对员工进行了赋能，因为你选择企业，就是选择认同一种价值观念，你自愿被企业文化感召，这样你就能看清楚自己要走的路。

4. 企业文化如何赋能

企业文化如何赋能？这要从公司的一把手抓起，领导人要先做个样子，别人照此行事。"我就是企业文化的代言人"，一个优秀的领导人是有着清晰的愿景，并能把这种愿景变成员工能看得到的生动画面的人。

作为领导人，当他谈论愿景时，经常伴随着发自内心的激情，一种能创造出无限可能的激情。当员工感受到他那种激情时，会产生强大的驱动力，从而接受一个又一个的挑战。每个员工心中都有一个英雄情结，领导人的作用就是通过自己的言行点燃他们的激情。

可以这样说，每一个成功的领导者都是充满激情的人，他们特别善于把自己的激情传递给下属，从而感召他们一起战斗。在创业过程中，一个好的领导人对提升企业的发展有着重要的作用。一个能力强大的领导人，其实就是一个极善于传达激情，给员工赋能的人，能够将团队的潜能充分地激发出来。

现在主流经济的重要特征是人才密集和智力密集，企业中的每个人都应当拥有足够的信息，以及做出决策和选择的权利。如果企业的领导人只是一个单纯的"管理者"，只是熟练地发号施令，那么团队就没有太大的战斗力。一个精明有效的领导人，要通过自己的言行给员工营造一种充满激情和创新精神的环境。

心灵是人类的思想，是智慧和潜能的本源。孙中山说："心，信其可行，则移山填海之难，终有成功之日；心，信其不可行，则反掌折枝之易，亦无收益之期。"心灵的力量是一种精神能量、心理潜能、思想感召力；心灵的力量是一种意向、梦想、愿景。心灵的力量不仅可以改变一个人的命运，而且可以影响一个企业的兴衰。

常听很多家长说，现在的小孩越来越难管了；常听很多老师说，现在的学生越来越难管了；常听很多管理人员说，现在的员工越来越难管了。为什么人越来越难管了呢？

实际上，不是人越来越难管了，而是管理方式没有上道，管理要与时俱进，要跟得上外界环境及管理对象的变化。

特别是在工作中，许多管理人员仍然持有"我说你听，我打你通"的管理思想，动辄批评、训斥自己的员工，甚至出口伤人，这样的管理结果往往不尽如人意，甚至难以起到正面的效果。因此，领导就会感到阻力越来越大，员工越来越难管。

现在的管理，要注重心本管理，心本管理就是从心入手，帮助员工挖掘、发现心里本来就有的东西，从而达到自我管理目的的一种管理方式。

中国几千年的传统文化，是心本管理最强有力的思想武器。历史和现代的许多企业的发展历程都证明：实施"霸道"不长久，行不通，只有主张"王道"，实行"以德治企"，才会出现"贞观之治"。

当一个领导人把员工当亲人看待，就会在工作中多帮助他们，在生活中多关心他们；就会及时解决他们在工作、生活上遇到的困难和问题。在管理方式上，自然就会采用以人为本的人性化管理模式，努力改善员工的工作环境，实现员工的价值成长，促进员工快乐工作，提升员工的生活品质，丰富员工的文化和精神生活，落实薪酬福利。

这样的话，整个公司的气氛会怎样？那绝对是互相关怀、互相照顾，工作上积极主动、任劳任怨。

某公司的一名管理人员，利用职务之便中饱私囊，加之平时的表现也不尽如人意，公司领导层都赞成辞退该人员，总裁最后也在辞退

书上签了字。

可后来回想此事，总裁觉得自己的爱心还不够，在"亲"的方面做得还不够好，如果说是自己的小孩犯了错误，做父母的会这样一推了之吗？一定会给予其更多的包容，更多的关怀和教育。

我们的部属不是一来就什么都会的，也要通过点点滴滴的指导，管理人员要有耐性，利用一些机会提升部属的能力。部属的能力差，不是你的责任，但部属跟了你很长时间，能力素质得不到提高，这就是你的责任。你不愿教是心态问题，不会教是能力问题。

身为领导者，在组织中的角色是多维度的。

在上级领导的眼中，他希望你是他的替身，能够代表他的立场，能够传播他的意志，能够执行他的方向。

在下级员工眼中，他希望你是个好的领导者，好的教练，好的成长引导专家，好的绩效合作伙伴，好的规则、制度的制定与完善者。

在内部同事眼中，他希望你是他的客户，你行动的方向能够源自满足内部客户的需求。

正是鉴于领导者本身在组织中角色的多维度，要想成为一名好的领导者，修炼自己的"弹性"、锻炼自己的"水性"是卓越领导者必修的一门功课。

领导者之修炼最难处莫过于修心——真正的王者，不是能够征服什么，而是可以容纳和影响什么。

领导者本身应学会像水一样，能够因周围人事的变化而改变自身的状态，从而化解所有的不和谐现象。

水在流动的时候，遇见河流会与其相融；遇到障碍物会自己分支而绕过；遇见屏障会变为气体，借风而过。总之，没有任何东西可以阻挡住水，它看似那么柔弱，却有着世界上任何物质都无法比拟的韧性。李白就有"抽刀断水水更流"的千古绝句。由此足见水的"宽容、妥协、柔忍"，但不失"刚毅、执着、坚韧"。

拥有这样的领导智慧，员工不仅口服，更心服，管理会越来越轻松，人际关系会越来越和谐，员工会越来越开心。拥有这样的领导智慧，才能营造出企业稳固、持续、和谐发展的良好环境。

5. 企业文化对组织成员的影响

有一家民营企业，经过数年苦心经营，已经具备了相当的规模，产品畅销全国，部分还远销国外。但随着企业规模的壮大，老板日益感到力不从心。自己的期望、想法、思路一到往下执行就全变了样；各级之间都存在沟通障碍；员工与企业很难达成共识，员工对企业的理念、价值观没有认可度；大多数员工并没有全身心工作；几乎所有的艰辛和困苦都是老板自己一个人在扛；员工中很多是老乡、亲戚关系，裙带关系盛行；企业整个团队上千人，左看右看都像一群游兵散勇的杂牌军……

这是一个非常有代表性的案例。

在企业文化建设过程中，这家企业遇到了以下困惑。

首先，对企业文化建设的认识程度很低。对企业文化的认知停留在物质表层，以为做一些公关活动、广告推广、社会公益和职工文化娱乐活动，或者觉得统一了着装，统一了企业的标识，做了形象设计，自己就已经很"文化"了。而漠视了企业文化中最本色的部分，即企业核心理念的确立与推广。

其次，忽视了文化建设的重点是对员工的教化。虽然设计了企业文化的有关材料，但仅仅是把它设计出来、展现出来，然后束之高阁。说得严重一点儿，是把企业文化当作一尊佛像供奉在那里。而缺乏对员工进行深层次的教化，没有得到员工的广泛认同和接受，没有在员工心中扎根发芽，没有转化为员工真正的行动。

最后，企业文化建设中漠视人性。企业的氛围不好，沟通不通畅，执行力不强，等等，这都是文化的原因。企业文化的背后是人性，无论是在管理方面，还是市场方面，你只能关注人性、顺应人性，否则注定会被时代抛弃。

该企业在他们网站上所宣传的企业文化是：产品文化→大胆创新，领先潮流；员工文化→自信自强，无私奉献；服务文化→消费者的需要就是企业服务的方向……

而他们厂区的实际情况却是：全企业近千人，只有一个公用厕所，建在离员工密集的厂区近百米的地方，而且很简陋，稍一靠近，就闻到刺鼻的异味……其他有待改进的地方尚有很多，可见企业对于员工人性关怀的重视严重不够。

一个成熟健康的企业文化是"以人为本"的。这种漠视人性关怀的做法是对员工、企业甚至社会不负责任的。

物质资源终会枯竭，唯有文化才能生生不息。

我们看看百年老店的案例，它们的成功，哪一个不是依靠企业文化，哪一个不是靠文化赋能？

企业兴衰成长大致有三种情形。

第一，"暴富流星型"。这类企业得益于特殊的时期，得益于产品、行业或政策优势，靠机遇迅速获得财富，在短时间内暴富，但是一旦这种优势消失，公司就像一颗流星，来也匆匆，去也匆匆。

第二，"侏儒短命型"。这类企业往往初创规模小，组织架构灵活，员工成分简单，例如很多夫妻店，或者是以家庭为组织的创业公司，企业目标容易统一，一开始往往发展得很好，但是随着企业一天天发展壮大，企业先天不足的问题日益显现，家族式管理的弊病如果不及时纠正，不能静下心来补上"管理"这堂课，企业往往会中途"夭折"。

第三,"基业长青型"。这类企业即便历经时间的洗礼,经过千锤百炼,它的适应能力依然很强。虽然也会遇到千难万险,但是往往愈挫愈勇,最终熬成"百年老店"。

纵观世界上的"百年老店",无一不是狂热的文化崇拜者。它们固守核心理念,拒绝做有悖于核心理念的一切事情。这份执着和坚韧,可谓是"咬住青山不放松,任尔东西南北风"。它们将企业的核心理念当作护身符,从容地面对各种不利环境,并以此为驱动,不断追求进步。

百年企业的生生不息,靠的就是文化的作用,文化的赋能。

如果把企业组织比作一具躯体,那么,文化就是这具躯体的灵魂,神聚则旺,神散则衰。

第六章 文化赋能:文化能激活个体,是一个企业的灵魂

6. 文化赋能，需摒弃"度娘文化"

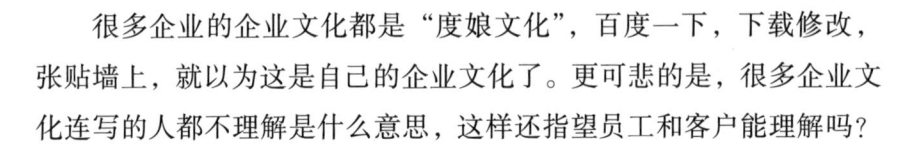

很多企业的企业文化都是"度娘文化"，百度一下，下载修改，张贴墙上，就以为这是自己的企业文化了。更可悲的是，很多企业文化连写的人都不理解是什么意思，这样还指望员工和客户能理解吗？

通过文化赋能，一定要让员工和客户感受到企业文化，否则说什么都没用。很多领导者强调以人为本，诚信第一，然后身体力行去证明给大家看，他是怎么以自己为本的，整天给员工许诺，画大饼，从来不兑现。说公平公正，结果只有那些与自己亲近的人被重用了。这种文化不但没起作用，反而成了笑柄。

企业的领导者若想建立企业独有的企业文化氛围，必须从两个方面着手。一是硬性方面，比如管理制度等，这是一个原则性的问题，任何人都不能够逾越，都不能够妥协，也不能够通融。二是软性方面，比如在紧张有序和规范化的管理机制下，如何营造一个健康、和谐与文明的工作和生活环境，是企业增强自身凝聚力和向心力的关键所在。简单来说，就是一个企业的管理要有人情味，要让自己的员工有一种归属感和主人翁精神，要对自己的员工做到尊重、信任、关怀、教诲、激励和约束。

大家都知道，企业文化强调的是一种目标，一种沟通和认同。因此，一个企业即便是能够用精美的纸张来印制出自己公司的企业文化和企业理念，拿着这本小册子，员工们也能够对答如流，但是，如果没有员工自觉地践行企业文化精神，那企业文化最终还是纸上谈兵，发挥不出其应有的作用。

虽然国内许多企业基本上都有着自己文字形式上的企业文化，但很多企业的企业文化并没有真正做好，根本就没有真正发挥出企业文化所应有的那种积极的推动作用。到底是什么原因，使得这些企业的文化没能很好地发挥出应有的优势呢？

答案就是这些企业缺乏员工对公司文化的认可、理解和执行。企业文化只有得到了广大员工的理解、接受并时刻铭记于心，才能使员工们潜在的劳动积极性得以充分地发挥，这时候，企业文化才能够真正地成为企业发展的一种动力和竞争力。

企业文化发挥作用的途径是通过员工对文化的认同，形成心理契约，对员工进行无形约束。因此，只有把企业文化和企业制度统一起来，企业文化才能发挥重要的作用。如果企业文化在相关制度里面能够完美体现，那么企业制度也能得到员工的自觉遵守。反之，如果一家企业的制度没有优秀的文化做指引，而仅仅是一种刚性的要求，一旦监管不力，员工就会不按照要求去做，这样的话管理成本就会很高。

企业文化的构建有一个价值观念归纳整理的过程，但是文化并不是简单的标语口号，不是把口号贴在墙上，或者印成小册子就可以了。我们可以看到一些濒临倒闭的企业也有漂亮的口号，可是这些口号并不能挽救它们的命运。虽然这些口号听起来很像那么回事，但是实际做起来又是另一回事。例如有的企业提出"质量就是生命"这样的口号，但生产出来的产品，质量问题总是频出不断。

对于一些创业中的企业来说，尽管企业文化非常重要，但是这些企业由于处在创业阶段，还没有形成真正的企业文化。创业企业的文化，更多地体现在创业者的个人气质上，比如创业者本人能说到做到，注重产品质量，注重执行力，那么对于他的企业来说，这些都是形成企业文化的基础。所以在创业初期，创业者一方面要摸索出好的管理制度和模式，另一方面要强化企业的一些良好作风。这样，等企业渡过创业期，也就逐渐形成了自己良好的企业文化。

7. 优秀企业以文化凝聚人心

最前沿的创新型企业，都有鲜明的企业文化和价值观。从谷歌对全球顶尖人才的推崇备至，到 Facebook 的极客文化和连接世界的情怀，再到 Uber 分享经济的理念和冲击传统模式的朝气和霸气，都使它们被硅谷甚至全世界最优秀的人才趋之若鹜。

在工业时代，共同的愿景、使命、价值观仿佛就是最优秀企业的奢侈追求，而在移动互联时代，志同道合是对赋能型企业的基本要求。

在企业文化建设方面，为了吸引人才，很多公司注重员工活力方面的保持。比如美国的 IDEO 公司，每天下午的时候，IDEO 公司的高层领导都会率领员工一起休息，看看电影或者是球赛等，这都大大加强了工作中的活力氛围。

《我们的 150 克青春》是小米公司于 2012 年 5 月向小米粉丝倾情回馈的一部几分钟的动画短片，原本是为小米 M1 青春版的发售搞一个别样的噱头——"文化洗脑"，没想到却演变成了小米公司独特的标签。

去过小米公司的人都知道，在你刚踏入 12 层的时候，映入你眼帘的并不是长长的走廊、白白的墙壁或者是企业宣传语等，而是一面照片墙，墙上贴着小米公司 2011 年的员工照片。当然，现在小米公司如果还要把员工照片贴上去的话，恐怕就不是一面墙的问题了。

小米公司的工作氛围很轻松，不仅有照片墙，还有业余自玩的赛车模型，有很萌很可爱的米兔贴画，以及随处乱放的小米奖杯。国外有居里夫人视奖杯为粪土，国内有小米公司视奖杯为"凡物"。

小米公司推崇"以人为本、智能生活"的人文管理。小米公司的员工可以不用小米科技的产品，没有太多纪律的约束，甚至工程师在累了的时候，还可以在办公室内玩玩小赛车。企业内部实施的是小分队策略：一个领导人手下有一个团队，团队里面又分成了好几个小分队，在做事的时候，各个小分队之间几乎是完全割裂的，互不干涉，给予工程师很大的创作自由。

此外，青春活力又被小米公司演变成了酷玩、热爱，进而形成了小米公司的另类文化。在小米办公区的中心，有一个很大的滑梯。当员工们在三楼谈完事情后，就可以直接乘坐滑梯到达一楼，不仅比电梯快，而且还更为有趣。

小米公司的企业文化氛围充满了人文气息，形成了一种具有活力、青春创造力的五彩缤纷的工作空间。就好比《我们的150克青春》中说的那样：我们的150克青春究竟是什么？是11克的迷茫，还是23克的叛逆，是26克无法遏制的冲动，还是37克相信未来的执着，抑或是53克别的什么？每个人的青春都无法定义，每个人的青春终将呼啸过去，在这场自由与理想的盛宴里，我们要无畏前行。

由此可见，文化赋能真的非常重要。

在这样一个大变革的时代，你是否相信自己的企业文化，甚至以布道者的虔诚去传播、分享，去吸引更多志同道合的人走到一起呢？

小米公司之所以定制"为发烧而生"的口号，也是因为他们想要做自己喜欢的产品。小米团队的人对电子产品都比较痴迷，可谓真正的电子发烧友。在小米公司看来，只有你真正热爱这个产品，你才能够把所有的精力都投入进去，才能够做出最理想的产品。

第七章

战略赋能：与员工分享战略意图，让员工做事更有兴趣和激情

说到战略，可能给人的感觉比较高大上，似乎跟自己的工作没有直接关联，以至于很多人并不关注。我之前曾经问过一些人，他们的公司战略是什么？很多人说得比较模糊，甚至经常跟企业愿景和使命混淆。

实际上，我们不仅要脚踏实地，也要仰望星空，只有将我们的工作跟公司的战略目标联系起来，才能认识到工作的意义和价值。那么什么是战略赋能，我们又该如何理解战略呢？

1. 战略定位，一切以有利于企业发展为目标

战略是关系企业存活的大事，一切都应以有利于企业发展为目标，但是在商业模式等战略选择之前，有很多企业管理者很难有针对性地判断企业的优势、劣势以及核心竞争力，往往都是根据自己的想法决定企业接下来的发展。那么，企业管理者该如何突破自我意识，抛开自己的想法，运用战略思维研究当下这个企业怎么发展才是最好的选择呢？

《华为基本法》第一条明确规定：为了使华为成为世界一流的设备供应商，我们将永不进入信息服务业。通过无依赖的市场压力传递，使内部机制永远处于激活状态。

基于这一明确的战略定位，华为从创业至 2019 年，可以说始终坚守在通信设备供应这个战略产业，从来没有在前进的道路上迷失方向。在开拓国际业务的过程中，华为经常遇到电信私营化的机会，但都经受住了诱惑，没有参与。

事实上，假如当时华为就进入信息服务业，短期内它肯定可以实现销售上的大幅增长。不过，由于华为将自己严格定义为通信设备制造企业，所以它始终将有限的资源进行聚焦。可以说，正是在聚焦通信设备的思想指导下，华为在电信设备制造领域才做到了极致，其产品线基本上覆盖了电信设备的方方面面。

战略要专注，是一个企业，尤其是创业型企业成功的基础。

彼得·德鲁克曾说过："成长型企业的成功，依赖于它在一个小生态领域中的优先地位，主要是占领市场中的某一个小领域，免受竞

争和挑战，在大企业的边缘地带发挥自己的独特专长，争取在一些特殊的产品和技术上称为佼佼者，逐步积累经营资源，求得发展。"

杰克·韦尔奇也说："尽管我们每一位首席执行官都有不同的风格、不同的方法和不同的手段，但大家的目标是一致的，就是要胜利！"一个团队只有不断去赢得胜利，才能赢得信心与尊严，才能从平凡走向卓越。这是所有现代企业领导者应该具备的大眼光和大魄力：没错，作为战略制定者，我的团队就要做最好的。

只有实施有效的战略，才能打造出自己的品牌优势。一位汾酒销售经理深有感慨地说："20年前，汾酒的价格只比五粮液低2角钱。现在呢，平均差200多元。汾酒与五粮液同为中国四大名酒，价格却如此悬殊，差在哪里？我认为就差在品牌形象，也就是说汾酒的品牌被五粮液比下去了。"

优秀的品牌形象是卓越战略带来的红利。五粮液从1994年开始，品牌价值一路直线上升，从31亿元飙升到338亿元，超过行业第二名数百亿元之多。五粮液3次提价仍然供不应求，连续10年稳居酒类企业规模效益之冠。五粮液的每一个市场动作，都对行业内产生了震动与深远的影响。这就是优秀的品牌形象给团队带来的巨大回报。

优秀品牌最重要的一点好处就是聚集人才，人才总是希望能在有名气的大公司工作，一来有成就感，二来能学到更多东西，三来在大公司工作的经历也是一笔财富。有优秀人才源源不断的加盟，整个企业团队的战斗力必将上升几个档次；有了强有力的战斗力，肯定更容易取得下一个胜利。如此形成良性循环，就能像微软那样，一直做到世界第一。

其实，企业战略是一个自上而下指导全局的整体性规划，是对企业各种战略的统称，其中既包括竞争战略，也包括营销战略、发展战略、品牌战略、融资战略、技术开发战略、人才开发战略、资源开发战略，等等。战略规划是依据企业外部环境和自身条件的状况及其变化来制定和实施的，并需要根据对实施过程与结果的评价和反馈来不断地进行调整。

这么看起来，战略确实很复杂。为了让更多的人尤其是企业内部员工和相关方了解战略，促进管理者之间及管理者与员工之间的沟通，对战略达成共识，我们可以借助美国管理专家罗伯特·卡普兰和戴维·诺顿提出的平衡记分卡（Balanced Score Card，简称 BSC），绘制一张战略地图。

战略地图是以平衡计分卡的四个层面（财务层面、客户层面、内部层面、学习与增长层面）目标为核心，通过分析这四个层面目标的相互关系而绘制的企业战略因果关系图。

战略地图的核心内容包括：企业通过运用人力资本、信息资本和组织资本等无形资产（学习与成长），创新并建立战略优势和效率（内部流程），进而使公司把特定价值带给市场（客户），从而实现股东价值（财务），如图 7-1 所示。

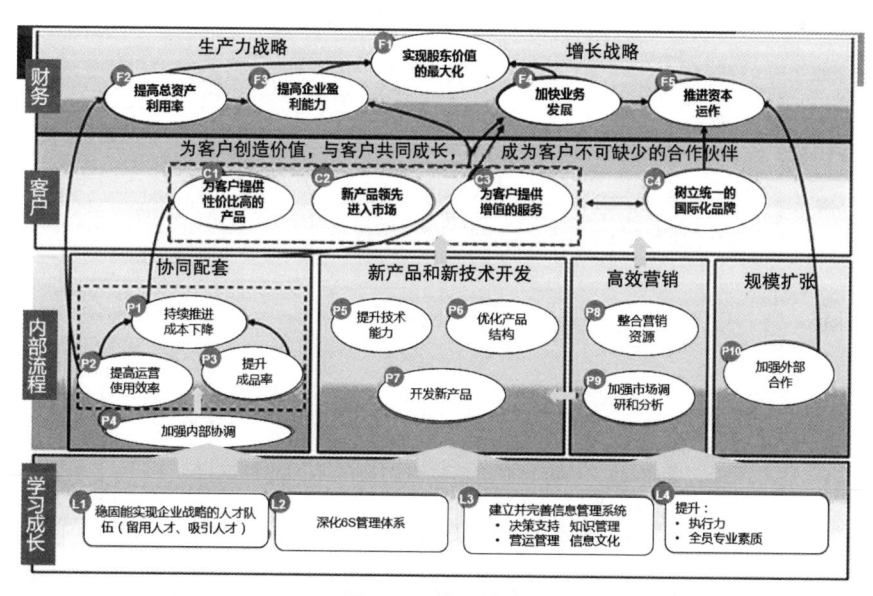

图 7-1　战略地图

战略赋能包括以下 6 个步骤。

第一步，确定股东价值差距（财务层面）。为了满足股东的要求，在财务方面应该有什么样的表现，比如说股东期望五年之后销售收入能够达到五亿元，但是现在只达到一亿元，距离股东的价值预期还差四亿元，这个预期差就是企业的总体目标。

第二步，调整客户价值主张（客户层面）。为了获取财务成功，应该在客户层面有什么样的表现来赢得客户的支持。要弥补股东价值差距，要实现四亿元销售额的增长，必须对现有的客户进行分析，调整你的客户价值主张。客户价值主张主要有三种：第一种强调总成本最低，第二种强调产品创新和领先，第三种强调提供全面的客户解决方案。与这三种客户价值主张对应的是三种战略的选择，分别是成本领先战略、差异化战略、集中化战略，如图 7-2 所示。

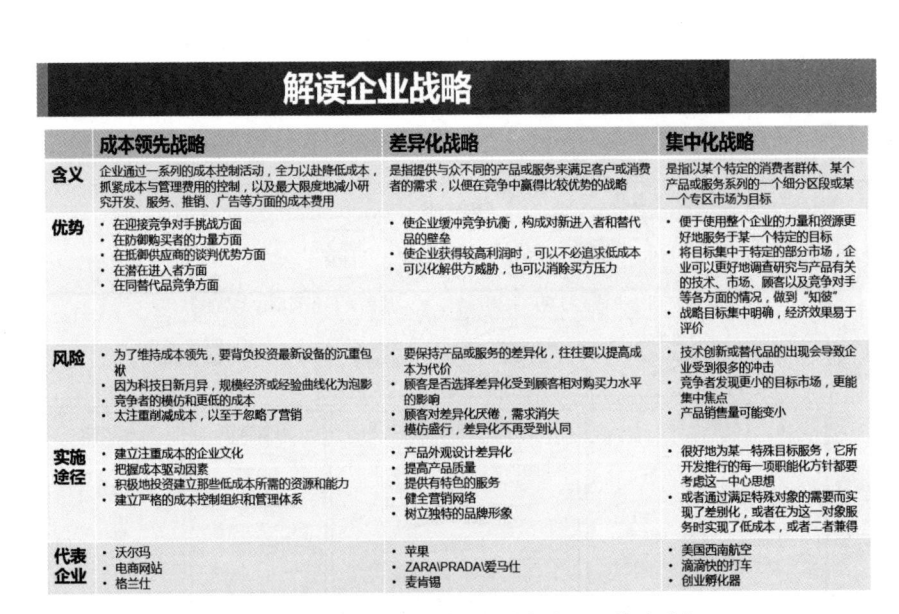

解读企业战略

	成本领先战略	差异化战略	集中化战略
含义	企业通过一系列的成本控制活动，全力以赴降低成本，抓紧本与管理费用的控制，以及最大限度地减小研究开发、服务、推销、广告等方面的成本费用	是指提供与众不同的产品或服务来满足客户或消费者的需求，以便在竞争中赢得比较优势的战略	是指以某个特定的消费者群体、某个产品或服务系列的一个细分区段或某一个专区市场为目标
优势	·在迎接竞争对手挑战方面 ·在防御购买者的力量方面 ·在抵御供应商的谈判优势方面 ·在潜在进入者方面 ·在同替代品竞争方面	·使企业缓冲竞争抗衡，构成对新进入者和替代品的壁垒 ·使企业获得较高利润时，可以不必追求低成本 ·可以化解供方威胁，也可以消除买方压力	·便于使用整个企业的力量和资源更好地服务于某一个特定的目标 ·将目标集中于特定的部分市场，企业可以更好地调查研究与产品有关的技术、市场、顾客以及竞争对手等各方面的情况，做到"知彼" ·战略目标集中明确，经济效果易于评价
风险	·为了维持成本领先，要背负投资最新设备的沉重包袱 ·因为科技日新月异，规模经济或经验曲线化为泡影 ·竞争者的模仿和更低的成本 ·太注重削减成本，以至于忽略了营销	·要保持产品或服务的差异化，往往要以提高成本为代价 ·顾客是否选择差异化受顾客相对购买力水平的影响 ·顾客对差异化厌倦，需求消失 ·模仿盛行，差异化不再受到认同	·技术创新或替代品的出现会导致企业受到得少的冲击 ·竞争者发现更小的目标市场，更能集中焦点 ·产品销售量可能变小
实施途径	·建立注重成本的企业文化 ·把握成本驱动因素 ·积极地投资建立那些成本所需的组织和能力 ·建立严格的成本控制组织和管理体系	·产品外观设计差异化 ·提高产品质量 ·提供有特色的服务 ·健全营销网络 ·树立独特的品牌形象	·很好地为某一特殊目标服务，它所开发推行的每一项职能化方针都要考虑这一中心思想 ·或者通过满足特殊对象的需要而实现了差异化，或者在为这一对象服务时实现了低成本，或者二者兼得
代表企业	·沃尔玛 ·电商网站 ·格兰仕	·苹果 ·ZARA\PRADA\爱马仕 ·麦肯锡	·美国西南航空 ·滴滴快的打车 ·创业孵化器

图 7-2 不同客户价值主张对应的不同战略选择

实际上，这三种战略不是严格分离的，有时也会出现交叉，比如同时是成本领先和集中化战略，如有些电商网站，专门面对某类客户，

又实施低成本战略，抢占市场；再如外卖和打车软件，之前拼命地补贴烧钱，以抢占客户资源，最后却纷纷相互合并，如美团和大众点评合并、携程跟去哪儿网合并、滴滴跟快的合并等。

有时不同时期的战略定位也会有变化，比如华为手机最初是低端机，而 2012 年之后开始陆续推出了 P6\P7\P8 高端商务机，销售非常火爆，2015 年成为国内市场占有率第一位的手机品牌，可以说是转型非常成功。

第三步，确定价值提升时间表。针对五年实现四亿元股东价值差距的目标，要确定时间表，第一年提升多少，第二年、第三年提升多少，将提升的时间表确定下来。

第四步，确定战略主题（内部流程层面）。为了满足股东和客户的要求，应该在哪些内部运营流程上表现出色。要找关键的流程，确定企业短期、中期、长期分别要做什么事，包括运营管理流程、客户管理流程、创新流程、社会流程等。

第五步，提升战略准备度（学习和成长层面）。为了实现战略目标，应该如何保持变革与改进的能力。分析企业现有无形资产（人力资本、信息资本、组织资本）的战略准备度，是否具备支撑关键流程的能力，如果不具备，要找出办法来予以提升。

第六步，形成行动方案。根据前面确定的战略地图以及相对应的不同目标、指标和目标值，再来制定一系列的行动方案，配备资源，形成预算。

2. 战略赋能，战略到底是谁的事

那么，战略到底是谁的事？是老板的事，还是高管的事，抑或是整个公司的事？

我们来看管理大师彼得·德鲁克的观点："一个组织的目标是让每个普通人去做不普通的事情。"德鲁克认为，如果策略只存在于组织的高层管理团队，那么对于提升企业的整体竞争力而言，效力就很弱。为了促进组织的统一行动，战略必须传递和贯彻到每一名员工身上。

也就是说，战略不只是老板的事，也不只是一部分人的事。企业领导者希望战略能被公司的每一个人接受，这有助于领导决策，能支持公司的竞争计划。然而，一项调查显示，三分之二的员工不知道公司的战略，只有三分之一的员工感到自己的工作与公司发展紧密关联。

有些公司没有清晰地向全员传递出公司的战略，那么员工往往无法获得强烈的参与感。而这种缺失的代价是巨大的。盖普洛调查发现，战略清晰的公司，客户满意度高出10%，盈利能力高出22%。

要想提升公司的盈利能力，核心在于领导。每一项战略的失败，其实都是领导力的失败——因为缺少调动员工的心理和思维。

战略跟企业的所有成员息息相关，你不让员工知道，他们哪有目标感和归属感？企业的战略不但要让员工知道，还要让他们知道为什么要这么做，即这样做的意义和价值以及与自己的关系。如果跟他们没有关系，你说公司要如何如何，他们会为此而激动吗？

战略赋能，就是要让员工知道战略跟自己有什么关系，使其更有兴趣和激情去做事。

3. 战略转型，建立新的商业规则

移动互联网时代与传统工业时代相比，企业的人才环境发生了根本变化。同时，社会发展带来管理方式的变革，企业战略转型，重新定义传统产业，而且要建立新的商业规则。

我们之所以要重视组织的战略转型，也跟社会经济发展的阶段有关。

人类社会大体经历了四个经济发展阶段，如图 7-3 所示。

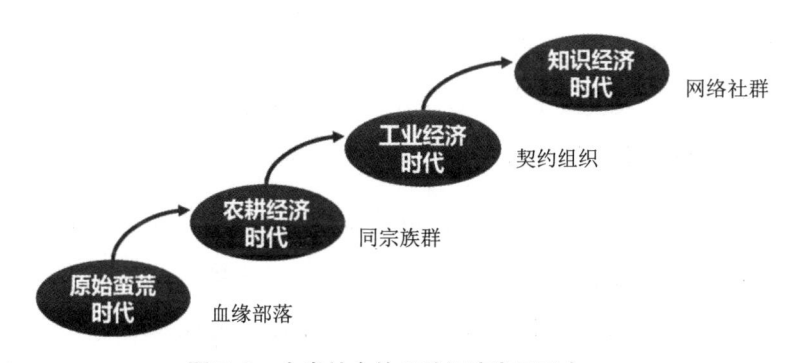

图 7-3　人类社会的几种经济发展形态

（原始蛮荒时代——血缘部落；农耕经济时代——同宗族群；工业经济时代——契约组织；知识经济时代——网络社群）

第一个阶段是原始蛮荒时代。原始社会处于蛮荒时代，人类靠相互团结协作，战胜洪水猛兽。组织形式是血缘部落，原始人的相互交往主要限于有血缘关系的氏族部落，活动空间有限，视野非常狭小，仅能通过自己的实际体验和模仿长者的做法，学习狩猎、种植、采摘等生存技能。

第二个阶段是农耕经济时代。这个时代，土地都掌握在统治者手里，"普天之下，莫非王土；率土之滨，莫非王臣。"为了巩固自己的

统治，统治者会把自己王国的一部分土地分封给皇亲、官僚以及立功的臣子。这些受封土地的人就成了地主或领主，他们雇佣长工为自己耕作土地或把地租给佃农。这个时代比较封闭，因为传统的农耕经济是自给自足的自然经济，以家庭为单位，男耕女织，经营规模小，所生产的产品以满足自身的需要为目的，不需要市场和商品交流。由于人们和市场的联系甚小，对于外界的变化仅通过人们的道听途说来感知，因而封闭性是不可避免的。

同时，农耕经济以铁犁牛耕为主要方式，精耕细作，人们的大部分时间又被束缚在土地上，跟社会的交往就更少了。组织形式为同宗族群，选举德高望重的长者担任族长决定族群事务。虽然有了文字和文明，但只有小部分的官宦家庭子弟才有学习和接受教育的机会。

第三阶段是工业经济时代。以18世纪瓦特发明蒸汽机为标志的工业革命发生后，人类社会进入工业经济时代，企业和工厂陆续出现，并成规模化。农民放下锄头走进工厂，逐渐成为与生产资料、设备、资金一样的资源，被企业家整合利用，获取价值。

与"企业"相对应的词，英语中称为"enterprise"，它由两部分组成，"enter"和"prise"，前者具有"获得、开始享有"的含义，可以引申为"盈利、收益"；后者含有"撬起、撑起"的意思，引申为"杠杆、工具"。两个部分结合在一起，表示"获取盈利的工具"。

为了让员工能够更多地产出，管理者开始关注员工技能的提升，对员工进行训练。同时，很多研究者也开始对如何提升效率进行研究，如亚当·斯密的分工理论、泰勒的科学管理、赫茨伯格的双因素理论、马斯洛的需求层次理论等，目的都是改善工作流程，提高员工的工作积极性，这个时候的培训和训练，学习者大都是被动的，更多的是管理方从自己利益最大化的角度出发强加给员工的一种提高效益的方式。员工与公司靠契约关系组织在一起，员工在一定时间内向企业主出卖劳动获得收入，这是一种谋生的手段。

发展到第四阶段的知识经济时代，随着人们生活水平的逐渐改善，文化程度也普遍提高，并凭借越来越便捷的传播工具，产生了"信息大爆炸"。科技高度发达使得人们逐渐从繁重的体力工作中解放出来，开始思考自己的发展和社会价值。

尤其是进入移动互联网时代，更加便利了人们相互之间的沟通，大大减少了获取信息的时间和难度。这个时代，你要想成功，不再是靠你掌握了多少知识和资源，而是怎么对知识和资源进行有效运用。

人们可以凭借自己所掌握的知识、技能、信息和资源去创造价值，甚至在家里、在咖啡厅、在旅途中，都可以通过网络与另一端从未谋面的陌生人谈生意。在现实中，你千万别小看周围默默无闻的小字辈，或许"TA"就是网络社区的意见领袖。

可以说，只要你拥有的知识、技能、信息和资源被人所需要，就有存在和发展的机会。尤其是伴随着互联网成长起来的"90后""00后"新生代陆续进入社会，他们更多地关注自身的价值观和内心感受，追求独立与自我风格，不愿再受传统管理方式的束缚。

所以，组织在知识经济时代更要关注员工的成长，建立富有创造力和自由宽松的工作环境，为员工提供更广阔的发展平台。

有些企业担心人才流失而不对员工进行培养，实际上这样做，人才流失得反而会更快。笔者曾对一个数千人的企业做过一个员工满意度的调查，在导致员工离职的因素中，排在前三位之一的就是"缺乏学习和成长机会"。有句话叫"良禽择木而栖"，原意是指优秀的禽鸟会选择理想的树木作为自己栖息的地方，后来常比喻为优秀的人才应该选择能发挥自己才能的好单位和善用自己的好领导。

因此，通过战略赋能，必须给每一个为公司工作的人提供在公司充分展示个人才能的机会——发表他的观点，在他力所能及的范围内允许他分享组织的进步，不仅使他的工作得到满意的报酬，而且使工作成为他生活的一个重要部分。

4. 战略设定，人才至关重要

战略设定有很多要素，其中人才至关重要，你想好了干什么事，关键还要看是否有合适的人去帮你干。战略制定不是看自己有多少资源，而是自己能调动多少资源。

正如阿里巴巴前总参谋长曾鸣教授所言："企业之道，讲到最简单，就两个字'人'和'事'，这是一个动态的匹配。战略也好，管理也好，就是在找动态的平衡。刚开始阿里并不能找到很好的人，但是事情做好了之后，你会吸引更好的人，更好的人来了你能做更大的事情。这个本身就是一个螺旋上升的过程。这也是为什么一个企业内部一定会有新旧矛盾。因为你不可能一步就人才到位，人和事是一个动态的平衡。"

既然人不可能一步到位，那你就要考虑你培养人的机制和速度怎么样，以及如何能让现有的人员发挥更大的价值。

随着移动互联网技术的不断发展，人们的生活和工作越来越离不开互联网，工作有钉钉、ERP；生活有淘宝、团购、滴滴打车；社交有微信、微博、QQ；学习有网络大学、MOOC等。

这种社交驱动的方式也影响了现代人的交互方式，扁平化、快捷、陌生人关系、跨界、快捷传播等，驱使人们不得不把自己归为某一类圈子。这种改变也使得现代企业的商业模式、运营模式发生了重大改变。在线平台越来越成为企业实现业务转型的重要媒介。

传统企业面临互联网时代的转型，需要更多的创新型人才。而企业发展速度越快就越缺少优秀人才，由此造成了企业持续发展的人才

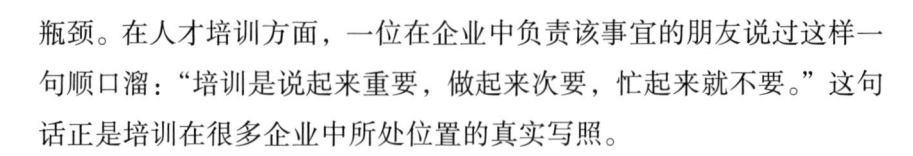

瓶颈。在人才培训方面，一位在企业中负责该事宜的朋友说过这样一句顺口溜："培训是说起来重要，做起来次要，忙起来就不要。"这句话正是培训在很多企业中所处位置的真实写照。

那么，既然人才培养的重要性很多企业都明白，为什么企业领导却不重视呢？

老板不重视，业务领导不支持，实际上这都是表象，背后的真正原因是人才培养的效果。如果你做出了效果，帮助企业解决了业务问题，带来了业绩，哪个领导会不赞成呢？

打个比方，你跟老板说："我帮你做事，可以每年赚 100 万元的利润，前提是你给我 20 万元的工资。"老板就会说："你先做了 100 万元的业绩，我再给你 20 万元的工资。"

老板和员工站的角度是不同的，老板是拿结果说话，你能创造多少效益，我就给你相应的回报。而员工考虑更多的是你给我多少钱，我就干多少事情。

所以，在企业内，要想获得领导的重视和业务部门的支持，培训经理必须学会换位思考，只有人才培养给他们带去了价值并得到了认可，你才会获得更大的支持和更多的资源，从而可以进一步扩大人才培养的影响力，形成良性循环。

当下的移动互联网时代，不仅改变了人们生活和学习的方式，还改变了教育。系统化的人才培养和学科培养有具体的培养目标、知识体系，也有培养模式和教育制度的支持，甚至还包括了我们的文化和教师素质。培养的目标制约着我们教什么、怎么教、采用什么方式来教。

根据笔者多年从事人才培养工作的体会，企业人才培养常面临的困境主要有以下几个方面。

（1）没有明确的人才培养方向

要想以最有效的方式达到人才培养的目的，首先要准确定位需求是什么。企业不清晰自己的人才培养需求，主要原因有以下三个方面。

第一，不清楚应该把员工培养成什么样子，也就是不知道企业需要员工具备哪些能力。

第二，不清楚员工目前的能力状况，也就不清楚员工的能力与企业对员工能力要求的差距。

第三，不知道员工哪些能力已经达到企业的要求，哪些才是迫切需要加强的能力短板。

（2）缺乏一致性的标准和流程

既不能对内部人员进行合理区分，又无法与业内水平进行有效对标，由此导致不论是竞聘上岗、岗位轮换还是人才梯队建设，都缺乏有效的人才评价和选拔依据。

人才培养过度依靠个别管理者的主观判断和方法，对人才的评判标准和选拔流程不够清晰和透明，造成对人才评价的主观性，老板说你是人才，你就是人才；说你不是，你就不是！

而且，过于依靠管理者的主观判断和喜好，容易造成结党和"拍马屁"的企业文化，选出来的人才也不一定是最能干的人。

（3）人才培养的方式方法不足

很多企业将人才培养等同于课堂培训。

笔者曾参加过一些人力资源论坛，听到邀请来的企业嘉宾在介绍他们的人才培养计划时，最常说的是公司每年提供给员工多少天的培训课程，开发了多少门课程，投入了多少培训预算，或者送了多少管理者到什么学校读EMBA等。在他们的心目中，人才培养主要是靠课程培训。

但实际上人才培养的方式方法非常丰富，主要包括OFF-JT（脱岗培训）、ON-JT（在岗实践）、SD（自我发展）三大类。"OFF-JT"，也就是离开岗位到教室里培训，比如企业内训等；"ON-JT"，也就是在职辅导，在工作岗位中手把手教导；"SD"，也就是自学，自我发展，比如自己看书等。

按照学习效果的7-2-1法则，只有20%~30%的学习是通过课堂和自学实现的，更多的是靠"做中学"，将所学知识应用于实践，才能真正掌握。

（4）与人才管理的整体协调性不够

人才培养是一个系统工程，不能单独起作用，需要与企业人才战略的其他措施相互协同，如晋升、绩效、薪酬等，建立联动机制。

前几年兴起了企业大学建设风潮，很多企业大学为了凸显在公司中的地位，更好地对接公司战略，发起了"脱离HR部门"的运动，希望与人力资源部平起平坐，直接向公司高管甚至老板汇报。

笔者个人认为这无可厚非，企业大学隶属于人力资源部也好，作为独立部门也罢，要想发挥自己的价值，提高自己的地位，关键是要把握两个要点。

一是企业大学要扮演企业战略转型和变革助推器的角色，更好地去推动变革思想的宣导和落地，解决发展和转型过程中遇到的问题，不能只是简单地作为课程贩子和实施培训的机构。否则，这样的企业大学只是原来的培训部门换块牌子而已，不能真正与企业战略衔接。

二是人才培养一定要与人力资源管理的选拔、绩效、晋升和激励等功能结合起来，才能起到效果。通过对内部员工从绩效和潜力两个维度的盘点，选拔高潜人才进入后备人才库、评估每个后备人才的优劣势、制定和实施有针对性的培养方案，并对比培养对象前后所发生的变化，对表现优异者加以重用和激励，对表现一般者继续留在人才库加以培养，而对于退步者，则请他们暂时退出人才库，从而实现后备人才库的动态管理，激发人才自我主动学习成长的动力。

通过以上方法，才能真正解决人才培养不能与战略挂钩，无法促进员工学习积极性的问题。

（5）培养效果难以转化和衡量

早在 20 世纪 80 年代，鲍尔温和福德就通过对培训的广泛研究得出以下结论：美国工业界每年花费在培训上的费用超过 1 亿美元，而其中只有 10% 在实际工作中起到了作用。之后，有更多的研究都相继发现，大多数培训无法迁移到实际工作中去。

期望的培训绩效和实际的培训绩效之间存在很大的差别，这往往是人们所忽视的。即使受训者在培训过程中表现非常好，但是在受训者回到工作岗位后，如果缺乏必要的支持和实践机会，培训的效果就会迅速下降，受训者很快就会退回到培训前长期以来形成和适应的工作行为和习惯，达不到培训的目的。

如果培训后员工绩效确实有所提升，那随之而来的另外一个问题就是培训的效果往往是间接的，难以直接有效衡量评估。业绩的增长受到多种因素的影响，比如员工个人的努力程度、市场经济环境、产品定位策略、竞争对手影响等，很难说清培训的贡献到底有多少。

在这种情况下，企业培训的低效让企业管理者很是失望，培训工作者因此也承受着巨大的压力。培训到底该不该继续投入？培训能解决什么问题？培训的效果该如何衡量？这些问题一直在困扰着企业管理者和培训工作者们。

企业人才战略的规划，需要明确企业需要哪些方面的人才，需要什么层次的人才，接下来，要进一步明确企业需要的人才应该具备什么能力（能力标准）、有哪些行为特征（行为标准）。发展员工能力的第一步是要选对人才。选对人，企业和人才皆大欢喜，人才如鱼得水，施展才华，企业可以确保战略实施。而选错人，不但事倍功半，还会延误商机，甚至给企业带来致命的危害。

虽然大家都认为人才重要，但是每个人对人才的评判标准往往不一致。

我们来看上面这幅图：你错了吗？没有！我错了吗？也没有。

我们都没有错，只是看问题的角度不同而已！每个人都有自己的价值观和看问题的角度，对待同一件事情，不同的人判断的结果可能会出现差异。所以，统一标准非常重要，能够避免从不同角度判断而使结果产生差异。

麦当劳为什么能成为世界的路标？其品牌为何能如此深入人心？

这是因为，在全世界任何一个地方的麦当劳，人们都可以享受到一致的食品、服务与用餐环境，而且价格基本全球统一。

麦当劳成功的经验值得我国所有企业学习和借鉴。

麦当劳的创始人罗·克洛克说："连锁店只有标准统一，而且持之以恒地坚持标准才能保证成功。"麦当劳从一家为过路司机提供餐饮的快餐店，迅速发展成为全球快餐业的龙头老大，其成功的最大关键就是数十年如一日的标准化管理。

标准化的管理：麦当劳制定了品质、服务、环境等几乎所有的标准。

标准化的合作：经过严格的特许经营后，由特许经营者全面管理餐厅的经营；原料本地采购，工作人员也本地化。

标准化的培训：麦当劳开设了汉堡包大学，为特许经营管理者、管理者和管理助理提供标准化的全面培训。

标准化的作业：统一服务规范，把为顾客提供周到、便捷的服务放在首位，规范作业方式，制定统一的菜单服务项目。

标准化的环境：每个餐厅都有良好的消费环境、优质的服务、卫生的食品，确定各个分店提供的食品口味一致。

麦当劳的成功秘诀就是统一标准，并严格按照这样的要求选拔和培养人才。如果照着这样的思路去设定企业战略，那企业又何愁做不大呢？

5. 三分战略七分执行

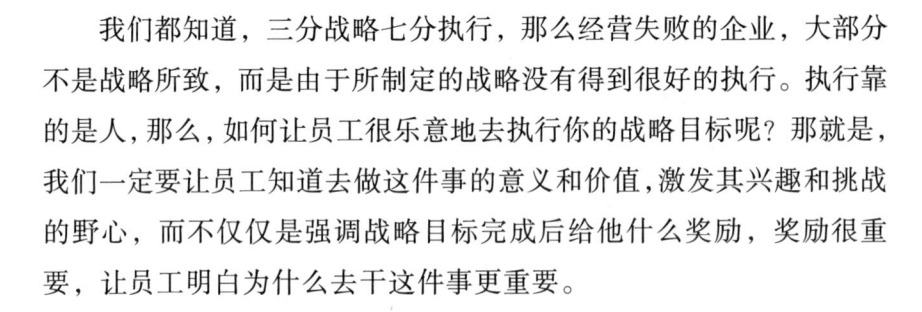

我们都知道，三分战略七分执行，那么经营失败的企业，大部分不是战略所致，而是由于所制定的战略没有得到很好的执行。执行靠的是人，那么，如何让员工很乐意地去执行你的战略目标呢？那就是，我们一定要让员工知道去做这件事的意义和价值，激发其兴趣和挑战的野心，而不仅仅是强调战略目标完成后给他什么奖励，奖励很重要，让员工明白为什么去干这件事更重要。

脱口秀女王奥普拉将自己的工作视为服务他人的平台："当我不把节目看成一项工作，而是希望利用这个节目提供的平台去服务别人的时候，这种快乐会达到一种更深层次的满足、愉悦，而这种满足很难用语言表达出来，也无法去度量。这改变了我成功的轨迹。"

实际上，奥普拉也在告诫人们，工作不仅仅是一份工作，要利用自己的天赋在工作中做一些有意义的贡献，这样才会感到幸福。很多时候，成功与其说是取决于人的才能，倒不如说是取决于人的热忱。

这个世界为那些真正热爱自己工作的人大开绿灯，甚至到生命终结的时候，他们依然热情不减当年。无论出现什么困难，无论前途看起来是多么黯淡，他们总是相信能够把心目中的理想图景变成现实。

如果不能使自己的全部身心都投入工作中去，那么你无论做什么工作，都可能沦为平庸之辈。做事马马虎虎，只有在平平淡淡中了却此生。

一个对生活、对工作都缺乏热爱的人，一定是一个没有执行力的人，即使所有的机会都来到身边，也会稀里糊涂地与它们擦肩而过。

有不少人工作了一段时间之后，突然发现自己似乎变成了一个机器人，每天重复着单调的动作，处理着枯燥无味的事情。每天想的不是怎样提高工作效率，提升自己的业绩，而是盼望着能早点下班，期望着上司不要把复杂的工作分配给自己。这样的人，人生的目标只是过一天算一天，他们不断地抱怨环境、抱怨同事、抱怨工作，不思进取，不求上进，最终只能是陷入职业困境而无法自拔。

要想摆脱这样的困境，唯一的办法就是唤起自己的工作热情，带着热忱和信心去工作，全力以赴，不找任何借口。一个对工作无限热爱的人，会保持高度的自觉，把全身的每一个细胞都调动起来，驱使他完成内心渴望达成的目标。

热爱不仅是你工作最好的原动力，同时你的生活也会因此而改变，进而洋溢出生动、活力四射的气息。热爱是一种对人、事、物和信仰的强烈情感，对某件事情充满热爱，意味着对某个既定项目感到兴奋，对手头的工作产生强烈的兴趣。

热爱意味着你对公司既定的一切战略都深信不疑，你相信，你的工作是重要的，是为公司的事业所做的一份贡献。为了达到公司的战略目标，你甚至会自愿放弃自己的一些个人目标。

出于一份真正的热爱，你早上起床后就会精力充沛地去开始一天的工作，满腔热情地去对待同事和客户。这样势必会使你不断地得到提高，从而成为更高层次的人。

热爱还意味着，你会从自己的工作中受到激励，并能够发现新的挑战和保持专业的提升。此外，多数工作都有一些不太有趣而又难于做好的因素，这些地方正需要热爱来发挥作用。

当你热爱你的工作时，使自己兴奋起来然后完成工作并不是一件很难的事情。困难的是，在那些缺乏兴趣的工作中你也要同样表现出色。

对一项工作或计划的热爱通常会变成积极的力量。也就是说，如果你对一项计划感到兴奋的话，你就会迫不及待地开始去做并得到结果。只要你对工作有所期盼，就会使你更有效率。你将会更有效地制订计划，并对细节十分关注。你会很小心地执行计划，力争取得最好的结果。

　　如果你想改变职场命运，获得成功的话，你就一定要热爱你的工作。因为热爱是你最好的战斗力。

6. 组织实现战略目标所需的人员能力

为了实现永续经营，企业必须持续地引进外部人才，培养内部人才，而在设定企业人才培养的具体目标时，需要结合企业实际，通过解读企业长期的战略目标与短期的年度规划，以此判定出企业未来对各类人力资源数量与质量的需求。再将未来需求与现状进行点对点的评估，发现差距，找出企业未来人才培养的方向。

比如，通过了解企业未来战略规划得出企业要在互联网领域有所作为，未来需要大量的、高端的 JAVA 或 NET 工程师，而企业现有的研发岗位人力资源数量和能力都达不到需求，那么未来几年企业人才培养的一个重点工作就是大批地招聘和培养企业的研发工程师。

又比如，企业计划未来 3 年进入国际化市场，而公司目前的国际化人才几乎没有，因此就需要培养大量的具有国际化视野、懂得国外文化和法律的商务市场人才。这方面，华为和联想都做得非常好，提前几年就做好了后备人才的培养规划。

联想集团多年来始终致力于人才的可持续发展，积极探索人才培养模式的创新，依托校企合作技术能力认证等培养项目，先后与国内 50 余家 IT 职业院校建立了战略合作关系。联想与职业院校共同确定了培养目标，共同制定了培养方案，共同培育双师型师资队伍，共同开展教学与效果评价，已初步形成了人才培养领域校企共生的良性生态环境。合作院校每年向联想集团及合作伙伴输送一万多名优秀毕业生，有效地壮大了公司后备人才队伍，提升了公司技术升级的人才支撑能力。

当然，由于组织的价值创造模式不同，其所关注的人员能力也不一样，如图 7-4 所示。

产品领先型所需关注的人员能力

对组织运营的要求

流程特点：
以产品设计工艺、品牌和服务等方面的创意和创新领先对手

关键流程环节：
把握客户需求趋势、掌握行业技术发展动态、项目管理、品牌管理

信息技术：
快速收集和分析客户需求趋势、强大的产品和服务数据库、快速收集和分析产品与服务的发展趋势、支持快速的产品和服务创新论证、决策与实施

知识管理和共享：
鼓励观点碰撞、鼓励创意表达、学习型组织管控模式、团队型（协作型）的非指导型风格

制胜关键：
以创意和创新取胜、引领产品和服务的潮流与趋势

对企业的能力要求

1. 客户需求趋势分析
准确全面地把握客户需求趋势、引领消费潮流

2. 产品和服务的发展趋势分析
快速准确地洞察行业发展趋势，并找到产品与服务的创新点

3. 项目管理
有创意的立项、高效的项目实施、准确的项目评估与调整

4. 组织管理
强调弹性与创新、自由表达与发挥、支持创新

5. 品牌管理
科技品牌、时尚品牌

对人员能力的要求

1. 专业胜任能力
行业分析和行业信息的应用
产品与服务的论证
项目管理与运作
客户需求信息收集与分析预测

2. 核心胜任能力
快速学习
资讯搜集
前卫
创造性
团队解决问题
突破性思维
潮流预测
开放性
……

顾客导向型所需关注的人员能力

对组织运营的要求

流程特点：
为客户提供独特的解决方案，帮助客户经营自己的企业

关键流程环节：
明确客户需求、发展解决方案、提供服务、客户关系管理、品牌管理

信息技术：
以客户需求为导向；能够提供全面的客户信息，建立CRM；强大的定价能力；强大的服务客户化能力，即能根据客户需求提供独特的服务

知识管理和共享：
鼓励信息分享、了解客户及客户需要、确保直接接触客户的人员具备充足的知识，并能与客户分享知识

管控模式：
强调由上而下集中管理与员工自我管理结合

制胜关键：
视每位客户均为独特的客户，客户需要卓越的服务，强调全面的客户解决方案（即使和他人结盟，也由他人提供部分服务），发展长期客户关系

对企业的能力要求

1. 客户获得
多渠道获得客户

2. 与客户建立深层的关系
通过客户服务建立长久关系，进行客户细分；对不同层级的客户进行分级管理和联动销售

3. 根据客户不同需求设计产品和服务
能够根据客户需求提供产品组合（即使和他人结盟，也由他人提供部分服务）

4. 帮助客户经营自己的企业
能够提供帮助客户的行业信息，提供增值服务

5. 信息整合，信息分享平台
客户信息由接触客户的最前端向后端传递和整合的能力

6. 系统整合
各个服务系统之间的整合能提高客户服务效率，明晰客户总体收益率

7. 品牌管理
服务、合作关系品牌

对人员能力的要求

1. 专业胜任能力
客户细分
发展客户关系
客户需求分析
快速形成有针对性的解决方案
客户沟通
迅速了解企业运作和组织特点
……

2. 核心胜任能力
建立关系
倾听
积极主动
诚实可信
注重质量
客户为尊
目标导向
下放决策
团队协作
创新改善
……

高效运作型所需关注的人员能力

对组织运营的要求

流程特点：
高效率，以价格和便利领先市场
关键流程环节：
管理客户需求（过分多样化和客户化将导致运营效率降低）、渠道和供应链管理、风险管理、品牌管理
信息技术：
注重过程、流水线、自动化、无停工，支持快速的服务递交
知识管理和共享：
积累标准化的流程知识
管控模式：
强调自上而下集中管理
制胜关键：
通过产品质量和服务水准，提供顺畅服务；通过高效的分销渠道，降低成本和价格

对企业的能力要求

1. 流程效率
流程、系统对市场的快速应答，前瞻性行业分析，系统的专业性；标准化产品流程，规模化产品流程，规模效应和服务运作效率
2. 组织效率
灵活的机制、组织扁平化
3. 成本效率
成本分析和管理
4. 信息技术效率
高效的支持服务递交的信息技术
5. 工作效率
快速执行
6. 风险管理
风险发现和评估，内控防范，垂直风险管理体系
7. 质量管理
产品标准化和服务水准
8. 品牌管理
质量、效率

对人员能力的要求

1. 专业胜任能力
财务和运作知识
流程、效率管理
风险评估和发现能力
行业分析和行业信息的应用
标准化产品管理
服务水准
……

2. 核心胜任能力
规范精确
持续改进
团队协作
快速执行
注重细节
……

图7-4 不同组织的人员能力需求差异

这三种价值创造模式，其差异不仅反映在企业的组织流程和组织管理等方面，同时也反映在人员的能力要求上。因为只有人员的能力和企业价值创造模式的要求匹配了，才能创造相应的价值。

因此，在确定人才培养目标的过程中，需要分析企业到底采取哪种价值创造模式或者是采取三种价值创造模式的组合状态，然后再决定企业所需要的员工能力类型。

7. 战略评估当期人才和未来所需人才

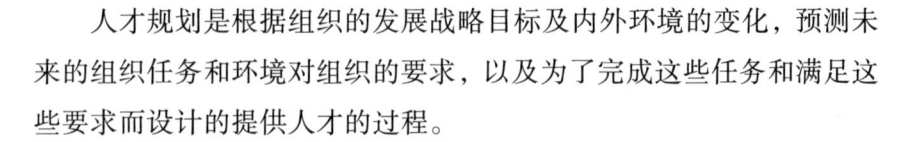

人才规划是根据组织的发展战略目标及内外环境的变化，预测未来的组织任务和环境对组织的要求，以及为了完成这些任务和满足这些要求而设计的提供人才的过程。

企业必须要从所在行业的经营环境出发，制定正确的战略，选择合适的组织能力，并根据组织能力的要求来设计人才培养的标准和方案。

要在中国市场乃至全球市场制胜，企业需要打造如低成本、质量、速度、服务、创新或定制化等各方面的组织能力。而要打造好这些组织能力，就需要强化和组织能力匹配的员工能力。

很多人都爱看篮球比赛，每支篮球队都有自己的明星球员，但是如果一支球队清一色地都由最佳球星组成的话，是否一定能赢得比赛呢？答案是未必。

球队的实力不仅来自球员高超的个人能力，很大程度上还要依靠大家能力的互补和默契配合，例如，有的善于投篮得分，有的善于抢篮板，有的善于防守。球队的胜利靠的是整个团队的战斗力。相反，整个团队的战斗力也必须依靠每个成员的能力，没有单个球员的扎实功力，团队也很难取得胜利。

和赢得篮球比赛需要团队的战斗力一样，企业的成功靠的不是少数几位明星员工，而是整群人共同作战发挥的能力。例如，上海波特曼·丽嘉酒店强调的员工能力是卓越服务，这一卓越服务的能力必须是从前台、餐厅到房间整理等每个部门的每个员工必须具备的。

而对于与通用电气等跨国公司竞争的医疗设备制造商迈瑞而言，最关键的员工能力则是技术创新能力，这不是仅依赖于少数天才，而是需要生物医学工程、机械、软件等不同领域的人才通力合作，才能不断推出符合市场需要的、高性价比的产品。

员工能力是打造企业核心竞争力的支柱和保障。但是，对于员工能力的要求不是一成不变的。随着外在经营环境的改变，企业的战略和与之匹配的组织能力需要调整，企业所要求的员工能力也要随之变化，如此这般，才能持续支撑企业的发展。

当企业从国内走向全世界时，企业对管理层的能力就提出了更高的要求，他们必须具备全球经营管理的能力。那么，企业应该怎样系统地建立和强化与组织能力匹配的员工能力呢？

《孙子兵法》中曾说："胜兵先胜而后战，败兵先战而后求胜。"胜利之师是先具备必胜的条件然后再交战，失败之军总是先同敌人交战，然后期求从苦战中侥幸取胜。用现在的话讲就是，胜利之师不打无准备之仗。

因此，企业在进行人才培养规划时，也要谋定而后动。所谓"谋"，就是站在企业人才发展战略高度的谋划；所谓"动"，就是落实在人才培养计划层面上的具体行动。我们做任何一件事情，都需要在大局整体的规划前提下，有计划、有步骤地稳步推进。

在确定我们的人才培养计划之前，我们要先关注一下企业未来2～3年的发展规划是什么，计划开多少家店，上多少条生产线，每年的年度预算目标要提升多少个百分点，经营业绩达到什么样的水平，等等。

接下来，就要预估组织未来员工总数以及各个人才需求的时间节点，同时需要考虑的还有当前内部人才的流动状态、人力资源市场的外部动态以及员工的经济水平。

最后一步是采取措施缩短人才差距。了解到员工目前的能力水平与未来所需求的水平差距之后，该如何有效地提升员工能力呢？我们可以采取以下五种方式。

内建——内部培养现有人才；

外购——从外部招聘合适的人才；

解雇——淘汰不胜任的人员；

留才——保留关键人才；

外借——借用不属于自己公司的外部人才。

人力部门需要分析到底是要通过"培养"内部人才还是通过"招聘"外部人才来缩小人才差距。此外，一些组织可能会根据短期或临时的任务需求，选择"租用"人才来满足需求。但是对于核心人才则不建议用"租用"的方式。

在评估应该由内部发展还是外部引进人才时，管理者需要考虑这些不同的人才引进方式的时间、成本以及成功安置率等因素。

比如，对于内部招聘来说，培养时间可能更短，成功安置率可能更高，成本可能显著低于外部招聘。然而，有些组织并没有足够的备选人才或没有足够的时间为某个角色去培养和发展一批员工。在这些情况下，就需要采用外部招聘的方式去获取人才，以及时地完成任务。

还有一点容易忽略，就是人才的保留，如果现有员工不能保持稳定，那么就会造成离职率的提高和招聘压力的加大，所以在对外招聘的同时，也要注重内部人才的激励和保留。

第八章

会议赋能：会议的最终效果是让员工更有斗志

　　会议不聚焦核心，都是在浪费时间。特别是有的老板喜欢利用员工下班时间开会，没完没了，眼看要结束了，来一句："我再补充一句"，结果一补充又是个把小时。这样的会议如何能激发员工的参与热情？走出会议室，大家是激情高涨地工作，还是垂头丧气地抱怨，这很关键。

1. 会议不聚焦核心，都是在浪费时间

大部分的公司都把会议看成了一种很盛大的仪式，排场大，气氛隆重，参与的人多（几乎全公司的人都参加）、时间长（短则半个多小时，长则几个小时）、制定的有效决策少（一番会议下来并没有实质性的内容）。最后，白白浪费了人力和众多的时间成本。

举个例子来说，如果一场会议开了两个小时，参加会议的有50人，那么这就相当于浪费了50个人的两个小时，浪费了100个小时的工作时间。这样算下来，一个月多举办两场这样无效的会议，公司的发展前景也就渺茫了。

在开会制度方面，已故苹果公司创始人乔布斯有过这样的说法：很多业务都在遵循着一个错误的观点，他们认为越重要的项目，参与的人数也应该越多。

苹果公司的发展，纵然离不开全体员工的努力，但是真正起到关键作用的，还是苹果内部最聪明的、最具有创造力的那一部分成员。所以，乔布斯在召集会议时，只需要那些能积极参与项目的人来就可以了，不需要多余的人。

公司每一个人的时间都无比宝贵，员工的时间宝贵，领导者的时间也宝贵，所以没有人乐意浪费自己的时间。然而实际工作中，有些公司几乎天天开会，上班之前开，下班之后还要开，每次开会不折腾很久都不会结束。

那么，是不是公司业务真的这么繁忙，以至于必须开这么多会呢？实际情况却是，这些会议大多是无效的会议，不但浪费了大家的

时间，还导致基层员工怨声载道，形成负面的作用。

事实也证明，那些经常开会或是喜欢开长会的公司，注定没有什么好的结局。那么，公司怎么开会才能聚焦核心，提高效率，而不浪费大家的时间呢？

（1）认真思考一下：真的有必要开会吗

当公司有重要信息发布时，先不要急着发布开会的消息，因为信息传播的渠道有很多种，重要的事情不一定只通过会议的方式传播，会议也不是传播信息最便捷的方式。确定开会前，你不妨先问自己这样几个问题。

首先，这次会议的内容能否通过电子邮件、微信群等方式告知大家？

如果通过社交软件就能解决的问题，何必通过开会来浪费大家的时间呢？

其次，这次会议的内容是不是晦涩难懂？

如果晦涩难懂，最好提前告知大家，让大家提前准备，这样开会时也可以提高效率，节省时间。

（2）明确会议的主题

开会之前，首先要向与会者传达一下会议的主题，让每一个人都知道这次会议是做什么的，大家为什么一定要来参加这次会议。

更重要的是，让每一个与会者知道会议主题，他们就可以做好相应的准备。比如开一个关于市场分析的会议，那么与会者就可以提前准备好关于市场营销的相关数据，有备而来。

还有一点就是，提前确定会议的主题，能很好地把握会议的方向，不至于大家在讨论时跑偏了方向，纠结在一些无关紧要的问题上。

（3）制定会议的规则

会场上要有开会的规则，要有发言的流程，要不然会议过程中你一言我一语，将会使会议陷入无休无止的争论当中。因此，在开会期间，可以规定不要随意打断别人发言，以免影响别人的思路。

比如，有些会议美其名曰"头脑风暴"，但是一个员工还没有讲完，其他人就跳出来生硬地打断别人，并且据理力争。这不是"头脑风暴"，分明是一场辩论赛。可想而知，会议一旦变成辩论赛，就多了许多无谓的争论，那么，会议的时间也将会被大大地延长了。

2. 把握好会议的方向

销售部门经理李哲正在准备公司的年度销售大会。他希望事先了解会议过程中可能会提到的问题，比如销售任务分配、销售区域变化等。但让李哲万万没有想到的是，公司 CEO 竟然中途走入会场，并彻底改变了会议的方向。

就在大家讨论正酣之时，公司 CEO 走入会场，宣布了一项公司的收购计划，所以接下来公司的策略将会进行彻底的调整。说完后，CEO 就离开了会议室。

李哲也当场愣住了，他用了那么长的时间来规划会议，希望能够激励大家，提高明年的销售业绩，可是 CEO 的一番话彻底打乱了他的计划。

等醒过神来，李哲做了一个深呼吸，宣布休会 15 分钟，他要重新组织自己的发言。

突发事件会随时发生在任何一个主持人身上，如果遇到这样的情况，你也没必要惊慌，我们看看李哲是怎么做的。他先是努力使自己恢复镇静，然后看看当初准备的内容，在会议主题出现变化时，他要知道以前准备的内容哪些可以继续使用。过了一会儿，他重新找到了会议的重点，组织好了新的话题。于是，他又召集大家坐下来重新开会。

回到会议室后，李哲给了大家半个小时发泄怨气的时间。他把每个人的担心和顾虑都铭记在心。比如，有人担心会下岗，有人担心工资会降低，有人担心销售区域会变化，有人担心会频繁地出差……

李哲把大家的意见都总结在一张表格里，但是他也不知道该怎么回答这些问题，于是，他灵机一动，立刻带领大家来了一场"头脑风暴"，并且根据新情况制定了新的销售方案，就这样，一个突发事件所带来的影响被消弭于无形，而且这次会议也达到了动员大家的初衷。

这个案例告诉我们，作为一名合格的会议主持人，无论遇到什么情况，都要始终把握好会议的方向，一定要比别人多想一步，学会尊重大家，善于引导大家，这样才能掌控全局。

随着科技的快速发展，越来越多的高科技手段被用在了会议上，比如电子邮件、虚拟会议、网络会议等。新的会议形式更加的高效，也更能满足公司节约成本和让更多的人参与进来的需求，但是这些会议形式的实时性和交互性较差，还是有很多人愿意直接面对面地沟通，因为这种沟通的范围更小、互动性更强，大家在一起讨论时，也容易集中思路，解决问题。

当然，不管是虚拟会议，还是现实会议，人们都喜欢交互，每个人都想知道其他同事的想法，而且开会也是一次很好的学习和交流的机会，能够充分地分享到自己所不知道的信息。

在开会之前，如果想让你主持的会议更有效，能够把握会议的方向，可以参考下面几条建议。

第一，如果要召开一次由许多人参加的大型会议，可以事先制定会议日程，列出会议需要具体讨论的问题，以及参加会议的基本准则。

第二，在会议之前，可以与一些人单独见个面，了解一下哪些人支持你，哪些人反对你。

第三，开场白通常能够决定整个会议的基调，所以一定要精心准备。一定要在会议开始时就提出最重要的问题，以免有人中途离场。

第四，尽可能让所有人参与会议的讨论，人们能够集中注意力的时间一般都很短，所以一次发言尽量不要超过 10 分钟，中间可以加入一些提问和其他互动形式。

第五，避免"是"与"否"这样的问题的提问，千万不要说："这样的事情行得通吗？"而是要问："这样做对我们的项目会产生什么影响？"

第六，没有人喜欢会议超时，如果大家感觉你根本没有注意时间，大家就会走神。

第七，主持人讲话的时间，最好不要超过会议总时间的 20%，要把最少 80% 的时间让给与会者。

每个人都明白过犹不及的道理。如果会议过多、过长，肯定会遭到抱怨的。那么，应该怎么把握好这个度呢？在规划会议时，你不妨先看看下面这些提示。

认认真真地考虑一下召开这次会议的必要性，或者是否有别的更高效、更快捷的方法来代替会议。会议的形式也可以不拘泥于一种。如果当项目进行到了比较关键的时刻，面对面开会当然是最好的方式，但是对于其他会议，也可以考虑用视频方式或者电话方式来完成。

考虑一下需要什么人到场，是不是有必要让所有的人都到场。其实，只要那些需要到场的人出席就可以了，一般来说，关键人物要到场，因为关键人物需要对会议做出一些重要决定。如果一个会议没有做出重要决定，那么这次会议就是在浪费时间。如果关键人物因故不能到场，就得看看能否通过电话或者视频方式让其参加。

提前给参与会议的人发一些会议内容通告。这样做的目的是缩短会议的时间，让大家提前明白会议的一些规则，也可以让大家有针对性地发言和讨论，避免跑题，浪费时间。

考虑好会议如何开始。会议的目的是解决实际的问题,而没有必要做一些表面功夫,比如主持人花大量的时间宣读会议流程,用太多的时间介绍到场的人员,这些完全可以写在通告里。这样就可以直奔主题,一开始就抓住大家的注意力,使整场会议更加高效。

第八章 会议赋能:会议的最终效果是让员工更有斗志

3. 走出会议室，是激情高涨还是垂头丧气

会议赋能，最终的目的就是让大家更有斗志；而小米的开会制度——人少、时间短、目的明确，通过会议赋能，达到了理想的效果。

在小米公司内部很少开会，大多都通过米聊群传达任务。但是一些核心的项目进展还是需要开一个小会的。

但是，小米公司的会议又和其他企业的会议不同。在小米公司，参加会议的人很少，用的时间也非常短，开会的前提就是有一个很明确的目的，没有明确的目的不开会。

参加会议的都是一些有实力的、能够参与整个项目策划的中层管理人员，他们并不会像部分公司员工那样正襟危坐、似是而非，而是会踊跃发言，进行项目讨论。时间虽然短，效率却非常高。第一次开完会之后，项目的大体策略方向就已经定下来了，剩下的就需要各个中层管理人员带着自己的员工执行了。

确定方向之后，小米公司基本上就不会再对这个项目进行反复推放了。各中层管理人员接到自己的任务后，便带着自己的小分队投入工作。期间，每一个小分队都负责自己分内的事情，各小分队不会相互干扰。等到第二次开会，就是各个中层管理人员报告项目结果的时候了。不得不说，像小米公司这样的开会效率，在众多企业中都是少见的。

小米公司开会时，高层要做好多线程工作准备，了解每一个项目的属性，以达到开会的高效率。小米公司前副总裁黎万强从早上9点

开始到晚上下班之前，会议一直不断。每次会议的时间不长，会议的内容不一样，会议的项目属性也不同。可是即便这样，黎万强也从来没有出过任何差错，对每个项目都是手到擒来，能够灵活地转换思维，最后都能够给出最高效率的解决方向。

其实，每一家公司都有自己的特色，不管是小米公司的"人少、时间短、目的明确"的开会制度，还是王永庆的午餐会议，又或者是英特尔的一对一会议，都有其各自的特色。所以，企业在制定自己的会议制度时，一定要结合公司的真实情况，参照比较有效率的会议模式，制定出符合自己企业发展的会议制度。

开会是公司管理采用的一种正式沟通渠道，管理层通过会议解决问题，安排工作，制订计划和决策，是推动员工工作最终达成目标的重要手段。因此，会议管理就变得十分重要。

比如，一些集团公司的员工大会，是员工与管理层互相沟通、集团向员工传递集团经营情况及有关信息、听取员工提出的建议、总结表彰先进的会议制度，经常每月召开一次。

通过会议，公司领导可以将有关政策和指标传达给员工，使与会者了解项目共同目标，自己的工作与他人的关系，并明确自己的目标，同时领导可以及时地获得反馈信息；会议可以充分表现与会者在项目组织中的身份、地位和影响，使会议中的信息交流能在人们的心理上产生影响，可以使与会者产生一种共同的见解、价值观和行动指南，密切相互之间的关系，可以帮助澄清误会，处理各种冲突并利用他人的知识和技巧来解决问题；通过会议，被人们所忽视的问题有可能被发现，进而认真地加以研究和解决；会议交流的正式性也可以使每一位与会者产生责任感和约束力；会议还可以帮助营造民主气氛，给与会者提供共同参与和共同讨论的机会，最终做出良好的决策。

进行会议管理时应该坚持以下原则。

① 制定会议管理的政策；

② 会议应在真正需要的时候召开，会议应该解决一定的实际问题；

③ 确定会议的目的，不召开无意义、无目的的"糊涂会"；

④ 明确参加会议的人员，与会议议题无关的人员无须参加；

⑤ 准备会议议程；

⑥ 准备会议材料；

⑦ 严格遵守会议的开始时间；

⑧ 按议程进行，提高会议效率；

⑨ 鼓励与会者积极参与，发扬民主，集思广益；

⑩ 掌握和控制会议，引导会议发言朝着结论进行，避免会议跑题太远；

⑪ 会议不要超时，避免冗长的会议，在必须延长会议时间时，应征得大家的同意；

⑫ 结束时进行总结，编写会议记录或会议纪要；

⑬ 及时分发会议记录与会议成果。

一般来说，行政管理部负责会议管理，所有重要会议要在公司领导批准后到行政综合部登记备案。会务工作主要由行政管理部承办；其他部门主办或召集的会议，行政管理部应予协助。除其他部门主办的会议资料各自存档外，会议资料由行政管理部整理、分发、立卷、存档。

每个人都希望被别人需要，得到别人的认可。如果在开会时，你告诉你的团队："你们是我见过的最好的团队！"那么，你的鼓励可以

大大改变整个会议的基调，带领会议走上积极的方向。

或者，你可以准备一些特别的东西，比如小糖果、巧克力之类，鲜花也不错，这些东西总会让人感到愉悦，能够缓解开会时的压力。总之，要尽力争取大家的支持，构造一个愉悦的开会氛围。

第八章 会议赋能：会议的最终效果是让员工更有斗志

4. 跟风式发言的规避方法

很多会议都是老板"一言堂",员工不敢发言,或者是有权威的人发言了,其他人随大流,这种就属于跟风式的发言。

那么,该如何规避跟风式发言呢?

遇到需要每个人发表建议的问题时,给大家预留 20 分钟时间,把自己的观点写下来,交给主持人,轮到自己发言时,再从主持人那边拿回来照着内容说,这样就可以基本规避跟风式的发言,也给员工提供了一个说真话的环境。

跟风式发言,有时候是由于群体思维的原因引起的。

研究发现,为了防止因孤立而受到社会惩罚,个人在表明自己的观点之前要对周围的意见环境进行观察,当发现自己属于"多数"或者"优势"意见时,会倾向于积极大胆地表明自己的观点;当发现自己属于"少数"或者"劣势"意见时,一般会由于环境压力而转向沉默或者附和。

更为可怕的是,群体的行为一旦出现偏差,就可能表现为无异议、情绪化和低智商。杜克大学商学院教授理查德·拉里克曾经用实验验证了这种集体思维的陷阱。

一架飞机在沙漠中坠毁,六名幸存者需要决定哪些物品能够帮助他们生存。是手枪还是食盐?是厚大衣还是化妆镜?他们必须在很短的时间内从 15 件物品中进行选择,迅速排出优先顺序。

你也许会认为,如果大家的意见最初呈现一致,就说明他们选择了"正确的物品",即专家认为能够帮助他们存活下来的物品——毕竟如果六个人中的五个人都做出了同样的选择,在某种程度上就意味着这种选择更加理性。

但实验的结果让人大吃一惊:那些意见最初很难统一的小组最终选择正确求生物品的概率比其他小组几乎高出一倍。理查德·拉里克得出结论说:"如果团队中很少存在异议,就没有人会质疑'我们有没有可能在哪儿做错了'。"

时至今日,我们不难发现,具有较强凝聚力的团队在开会做出某种决定的时候,总是深为"集体思想"所累。根据社会心理学家的理论,集体思想是"具有凝聚力的集体成员的一种思考模式,有某种共识存在于该集体中,并处于强大的支配地位,以至于往往忽视了对其他各种行动方案的客观评价"。这样的团队经常觉得自身无懈可击。面对这样的从众压力,团队成员不容易坚持自己的观点。

这种"集体思想"对团队的行事效果带来了巨大的风险,使团队变得冲动、易变、急躁、易受暗示,从而使集体行为缺乏理性的约束,趋于偏执、专横、保守。

虽然对团队来讲,一定的从众行为是允许的。但如果这种从众行为是以牺牲我们的个性,妨碍我们产生新的创见,压抑个人的独创精神为代价,那我们就要反思,并对这种行为说"不"。

奥尔福德·斯隆有一次主持通用汽车公司的董事会议时,有位董事提出了一项建议,其他董事立即表态支持。附和者说:"这项建议将使公司大赚一笔。"另一位则说:"应尽快付诸实施。"第三人起立表示:"实施这项建议可击败所有竞争对手。"

当与会者纷纷表示赞成时,斯隆提议依序表决。结果,大多数人点头赞成。最后轮到斯隆,他说:"我若也投赞成票,便是全体一致通过。但是,正因如此,我打算将此议案推迟到下个月再做最后决定,我个人不敢苟同诸位刚才的讨论方式，因为大家都把自己封闭在同一个思考模式里，这是非常危险的决策方式。我希望大家用一个月时间，分别从各个不同方面研究这项议案。"

一个月之后，该议案遭到董事会的否决。

正是对集体决策中群体思维的危险性认识，使得斯隆化解了一个带有风险的方案。这一案例给了我们一个重要的提醒：在做集体决策的时候，作为团队的负责人，应该更稳重、更"保守"、更清醒一点儿，而不要掉入"集体思想"的陷阱中去。

5. 通过正向复盘会议，形成案例传播

很多读者对复盘可能不太了解，在讲解复盘会议之前，我们先来了解一下什么是复盘，以及如何复盘。

柳传志经常提到的一个词汇就是复盘。他这样说："复盘就是企业家把每天要做的事情，静下心来想想，越想就越明白。"

他还说："复盘是联想方法论里最重要的一个内容，我们经常把我们所做过的每一件事情，打赢的一个胜仗，打输的一个败仗，都要拿过来重新演练一遍，把当时预定是怎么回事，想怎么做来着，后来中间发生了什么样的变化，跟遇到的有哪点不同，我们怎么解决的，重新演练一次。然后把演练的这些事情记录下来，你多次演练，多次记录，慢慢就可以找到规律了。"

复盘其实是一个围棋术语，就是每次博弈结束以后，双方棋手把刚才的对局再重复一遍，这样不仅可以有效地加深对这盘对弈的印象，也可以找出双方攻守的漏洞，是提高自己水平的好方法。棋手平时在训练的时候大多数时间并不是在和别人搏杀，而是把大量的时间用在复盘上。

具体来说，复盘就是把当时表面"走"的过程重复一遍，这样做可以把双方的心理活动比较全面、客观地表现出来，即当时是如何想的，为什么走这一步，是如何设计，预想接下来的几步的。在复盘中，双方可以进行双向交流，对自己和对方走的每一步的成败得失进行分析。同时提出假设，如果不这样走，还可以怎样走；怎样走，才是最佳方案。

在复盘中，双方的思维不断碰撞，激发出新的思路。新的思维、新的理论可能在此萌发。

通过复盘，当某种熟悉的类似的局面出现在面前的时候，棋手往往能够知道自己将如何去应对，在他们的脑海中就会出现很多种应对的方法，或者他们可以敏锐地感觉出当前所处的状态，从而对自己下一步的走向做出判断。

由此可见，复盘是一种思维，是一种总结，也是一种反思。在工作和学习中，通过复盘，我们可以更好地理解自己的成功与失败，从而找出前进的方法，进而取得更大的成功。

我们经常能看到这样的现象，当公司开会讨论某一决策的时候，大家既说这个又说那个，到最后什么结论也没有讨论出来。貌似很民主的讨论，往往成为扯皮的谈话。出现这种现象的根本原因，就在于很多参与讨论的人没有深入思考，他们没有弄明白到底该做什么。

无论对公司还是对个人，复盘的意义都非常重大。具体来说，主要表现在以下三个方面。

首先，复盘是推动工作前进的重要环节。我们都知道，任何一项工作的完成，都要经过个人或团体多次反复操作和辛勤劳动。其中的每一次具体实践，都会有经验或者教训，而复盘就是对这些教训和经验进行及时总结，从而提高认识和工作效率。通过反复复盘，人们会对工作的认识越来越深刻，技术也会越发熟练，从而推动工作向更好的方向发展。

其次，复盘是寻找工作规律的重要手段。任何一件事物、一项工作都存在着自身发展运动的规律。遵循这些规律去工作就能顺利达到预期的目的，而违背规律必然会受到惩罚。复盘其实就是总结和寻求工作规律的最好办法。平时我们在工作的时候，只是就事论事，遇到问题解决问题，复盘讲求做事后的深刻思索、探讨，在这个过程中我

们就能逐步摸索到工作的规律。

最后，复盘还是培养、提高工作能力的重要途径。运用所学的技能通过实践来解决实际问题，这种能力其实就是工作能力。复盘的意义主要在于提高我们的专业知识。许多人学习专业知识都是跟着书本或者老师，其实最有效的方式不是这两种，而是复盘。

康盛创想 CEO 戴志康不是一个爱看书的人，他之所以能够成功，靠的就是不断在实践中总结，从而获得知识。在接受媒体采访的时候，他说："我不是好学生，看书看不进去，睡不着看书就睡着了，我看书很少，我基本是一个实践派，我觉得不做永远不知道，需要做，做了才知道，我也会去想，但是我不会完全依赖于想，所以我自己学习东西主要的方式其实还是和人打交道。一件事十分，我学到四分、五分马上就去做了，看行不行，行就总结总结，反思反思，不行也会总结总结，反思反思。"

戴志康这种获取知识的方式，其实就是复盘。现实中许多企业家的学历并不高，他们的成功在很大程度上就得益于这种学习方式。他们通过不断的实践获取知识，然后不断复盘总结经验和规律，从而使得他们的工作能力不断增强。而不懂得复盘之道的企业经营者，学习效率相比较而言会差很多。他们不是从经营企业的过程中学习，而是从书上今天学这个，明天学那个，钻研所谓的"新"技术，看似学了很多知识，但是在实践中并没有真正的用途。

企业管理者要善于复盘，首先就是复盘失败，从失败中学习。企业经营中许多失败都是不可避免的，面对失败，经营者除了解决问题之外，更重要的是要透过表面原因去追根溯源。而这个分析原因、总结经验的过程其实就是一个反复复盘的过程。

优秀的企业家能够通过对失败的复盘学到很多经验，然后用这些经验指导以后的经营活动。平庸的经营者不善于从失败中学习，失败之后马马虎虎就过去了。即便是总结失败的经验，也多是流于形式，而缺乏深刻的复盘，所以并没有给他们带来实质性的改变。

作为企业管理者更要学会对成功的复盘。一般来说，人们重视复盘失败，是因为从失败那里可以切切实实地学到经验和教训，而对于成功，很少有人去追究背后的真正原因。许多企业家喜欢把成功归结为自己的天赋才能和当前的商业模式与战略，对于客观环境因素和偶然事件所起的作用，他们往往视而不见。这是没有复盘精神的体现。没有复盘精神的人，往往忽视或者低估偶然事件和不可控制的外部因素的作用，他们习惯于将组织成绩归结为自己的远见和管理才能。这样做，很容易为将来的失败埋下伏笔。

所以，任何人要想避开"转胜为败"的陷阱，就必须具备复盘成功的精神。我们要对某一项目的成功，进行系统的复盘，弄清楚自己计划了什么，实际发生了什么，为什么发生，下次该怎么做。有了这样的复盘精神，我们才不会在成功中迷失，才会不断成长，取得更大的成功。

复盘是一种认真做事的态度，是一种清醒的认识，也是成功者的一种气质。不过，复盘不是目的，目的是复盘之后的执行改进。在复盘之后，无论是企业、团队还是个人，都要在落实上下功夫，必须执行！只有这样，成功才会更快地到来。

我们要正确认识复盘会。很多人把复盘会开成了批斗会、挑问题会，其实复盘是为了找到更多的可能性，先总结这次做得好的地方，下次从事同样工作时应该保留的方式方法，再去分析哪些做得不够完美，如何做才能更加完美，最后形成案例教材，供下一次做其他相同工作时学习使用。

我认为，复盘会具有以下三点重要价值。

首先，总结经验教训。通过复盘会议，把项目过程中的错误和最佳实践进行总结提升，是实现组织持续改善的关键。

其次，通过复盘会议，各方对下一步改进措施达成共识。我们常说，婚姻不是一个人的事而是双方的事情，做项目也是一样。召开复盘会议，正是项目各方达成共识的最佳时机。

最后，建立与业务方更密切的沟通机制，了解其真实想法和期望，提升用户满意度。通过复盘会议，让用户有机会反映一些真实的想法和期待，指出哪些问题是需要调整和改进的。

复盘会一般需要三种角色的参与，分别是讲述人、引导人、设问人，他们的职责如图8-1所示。

讲述人
- 复盘会中对整个项目进行讲述
- 回答设问人的提问

引导人
- 承担主持人的职责，负责确保整个复盘会按计划推进

设问人
- 通过提问帮助讲述人补充遗漏的细节
- 通过提问和大家一起探索问题的原因

图8-1 复盘会参加人员

讲述人一般由项目经理担任，项目中的其他角色提供补充；

引导人一般由项目管理部人员担任，推动复盘会议互动，确保复盘的效果；

设问人常常包括领导、相关责任方和用户代表等。

复盘会的过程可以参考联想复盘会议四步法，这四步形成了一个闭环，如图8-2所示。

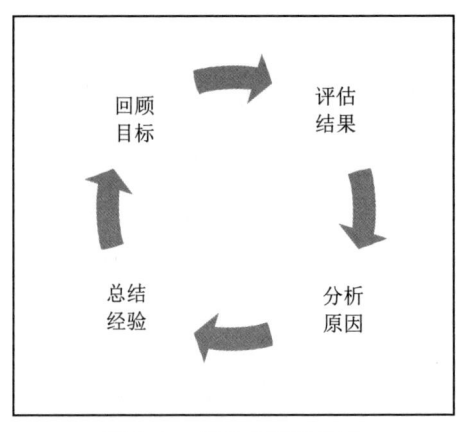

图 8-2 复盘会议四步法

第一步，回顾目标。所谓回顾目标，就是回想最初的目的，初衷是什么。从项目的角度，我们需要回答以下几个问题。

用户的需求是如何从提出到立项的？

想要实现的目标和收益是什么？

最初的计划是怎样的？

预期的风险和应对措施是怎样的？

以上其实是我们在做项目前都需要考虑的几件事情。比如，立项的时候我们需要阐述项目目标和收益、做计划等，可是我们常常会在做项目的过程中忽略掉自己的一些初衷，所以，复盘的时候，我们需要把这些都重新回顾一下。

第二步，评估结果。在回顾完目标后，需要对照目标和结果，发现差距或差异。同样，我们需要回答以下几个问题。

最初的目标和收益有没有实现？

最初指定的计划执行情况如何（可以展开阐述，如进度计划、成本计划、资源计划等）？

预期风险是否发生？应对措施是否有效？

发生了哪些意料之外的事情？有何影响？发生的原因是什么？

第三步，分析原因。在评估完结果后，就到了复盘的核心环节，即分析原因。能否实现改进，取决于原因分析得到不到位。同样，分析原因的部分需要回答以下几个问题。

目标或收益没有实现的原因是什么？

导致项目绩效问题的原因是什么（这是对执行过程的复盘，也可以从主观和客观的角度分别分析）？

风险应对措施不好的原因是什么？

为什么有些意料之外的事情未被识别为风险？

这几个问题并非让项目经理一个人来回答，而是需要进行角色自我剖析。如果是所有人盯着项目经理让他一个人说，就成了批斗会。项目经理可以先从项目管理的角度来剖析；项目管理部可能需要从制度建设的角度来剖析；产品部可能需要从需求管理的角度来剖析；用户代表则可能需要从业务规划的角度来剖析。

第四步，总结和改进计划。对于这一步很多时候我们会忽略或不够重视，其实这一步很关键，复盘有没有效果就看最后这步有没有落实了。

这一步包含两部分内容：一是总结，二是改进计划。

第一部分相当于是对整个过程的回顾，特别是分析原因后大家得出来的一些结论，需要重点回顾，以促进达成共识。

第二部分是针对这些问题，我们要如何改进。有些问题可能需要系统的改进方法，在现场无法给出一个完整的方案。而针对不同角色的问题则可以分别明确一个改进的计划，基于大家对问题的共识，系统地改进方案，在会后单独商定。

以上整个过程均需要记录纪要，并作为项目的过程资产归档。对于改进计划的落实，有必要设置检查点和负责人。

每次复盘出来的问题都可以在下一次复盘时重新审视，这些问题是否还存在，之前的解决方案是否有效。组织的持续改进就在于一点一滴的优化和迭代。

复盘是一种习惯，持续的复盘会形成一种文化。我们都忙着往前跑，偶尔也需要回头看看走过的路。学会复盘，能够让人持续精进。

以终端门店为例，每天利用开业前的一点儿时间召开一个晨会是很有必要的，可以用来布置任务、了解情况、交流体会、总结经验、提高认识，可以说，晨会是一种很好的复盘会的形式。

为提高晨会效果，可以采取以下技巧：要避免呆板，要具有活力，情绪要高涨；说话方法、进行方法都要有变化，可能的话，每天的晨会应具有不同的形式；主持人说话声音要清楚而洪亮，要让后排的人也能听得到；要把握重点，整理好要表达的内容，以要点形式向店员传达，切忌拖拖拉拉；店员要养成记笔记的习惯，以加深记忆和理解。

第一，晨会内容——决定销售目标达到的关键所在。

一年之计在于春，一日之计在于晨。每天开 20 分钟左右的晨会，分享团体工作中的快乐，提升团体的凝聚力，表扬、赞美同事，反省工作失误，解除同事之间误解，分享新知识、好经验，能让大家心情愉悦地投入新一天的工作。

晨会是一天工作的开始，晨会的气氛和效果直接影响到店员的士气，从而影响到店铺的销售业绩。因此，把晨会开好，能够增强店员的团队精神和工作积极性，有效提升店铺销售业绩。

晨会的基本内容：店长向全体店员汇报昨日全天的销售业绩、目标达成率、业绩好或不好的原因、昨日遗留的重要事项等；由店长总结昨日工作情况，尽可能地表扬和鼓励店员，并宣布当日的工作重点

及工作计划，工作计划要细分到个人和具体的时间段；检查周目标及月目标的完成率，并制定对策；让销售业绩好的店员介绍工作经验、工作技巧，并让每一位店员迅速熟知并掌握这些要领；用激励性的口号活跃气氛，调动店员工作积极性，为新的一天开个好头；其他工作的安排指示。

店长应该跟店员一起养成天天开晨会的习惯，及时了解店员的心态以及店内的一些日常事务，同时使店员之间增强情感和友谊，提高团结性。

第二，晨会流程——20分钟晨会推动销售工作。

晨会的流程一般包括如下几个方面。

总结前一天工作。回顾前一天的工作情况，只讲好的与对的，严禁在晨会上批评指责员工。

强调当天工作要求。明确当天的工作方向，明确主推产品，明确当天的激励政策。

明确当天工作目标与任务。明确店面总目标，分解任务目标，明确个人目标。

鼓舞团队士气。例如喊口号、唱企业歌等，注意不要开没有准备的会，要提前做好会议的准备。

在日常开晨会的过程中，要重视以下几个方面。

首先，要了解现场。作为晨会的主持人，不论是店长还是部门经理，首先要对自己管辖的现场十分了解。这里所说的了解，一是对本部门的商品结构、质量、价格、趋势、知识、技能、服务要了如指掌；二是对店铺管理的规章制度，特别是针对本部门商品和管理要求的店铺制度要十分了解；三是对本部门的人员结构要非常了解，不论是职工的学历、能力、品德、个性还是敬业程度、责任心等都要了解，甚至对职工的家庭状况也要略知一二。总之,在你的"势力范围"内的人、财、物、进、销、存,你都必须了解,甚至要达到如数家珍的地步。了解现场是开好晨会的基础。

其次,要了解同行。俗话说:"知己知彼,百战不殆。"本柜组、部门的商品结构、服务措施、促销手段与同行类似的商品结构、服务措施、促销手段有何不同,优劣势表现在哪里,这是作为晨会主持人必须了解的。如果不了解同行,如何给员工布置工作,提出要求呢?

最后,要了解市场。现在的"市场"是一个大概念,特别是中国加入WTO后,市场就不单单是家门口这个市场的概念了,也不是某个省、全中国市场的概念了,而是全球性的概念。全球经济一体化、信息一体化已经是不可抗拒的潮流。作为晨会的主持者,也应该要有这种大市场意识,要有这种概念、这种认识、这种关心,更要有对员工灌输的责任。

第三,晨会主持——通过晨会激发店员斗志。

一般来说,晨会主要有两个目的。

一是明确当天的工作目标,并确认达成目标的策略和方法。这些都要求大家事先写出来,并由部门主管签字确认。店员必须要在前一天下班前就落实好第二天的工作计划,比如市场人员,计划今天要见某某老总,那在晨会的时候就必须明确已与对方约好,而不能说我等会儿再去约,这样你能保证一定约到吗?如果约不到,你就会很被动。再比如,你今天的工作目标是要打100个电话,那在晨会的时候就要明确电话名单,而不能说等会儿再去找,这样你可能会把一整天的时间都浪费在找名单上。业务人员只有明确了一天的目标和计划后,才能保持工作积极性,提高工作效率,而不会拿着包出去就不知所措,不知道往哪里去。同样,办公室人员也要明确一天的工作目标,清楚你今天要做什么事情,要不可能一天都是在聊天或上网中度过了。要知道,公司设置每一个岗位都是要创造价值的。

二是激励店员，让店员保持良好的状态去对待工作和顾客。晨会的主要作用就是激励士气，因此，主持人可以适当地组织大家背诵店铺的价值准则，或者鼓励大家进行故事分享，比如让前一天的销售冠军出来讲话，分享成功的心得等，从而调动起大家的工作状态。作为销售人员，如果自己的状态不好，整天没精打采，见到顾客毫无热情，顾客是不会和这种人签单的。

后记

组织从管控到赋能,"稳健"才是企业成长的真谛

无数的事实已经证明,越是充满"传奇"的企业,越可能成为"昙花一现"的企业。因为"传奇"不是成功的规律,"稳健"才是企业成长的真谛。

比如,稳健是广电运通身上特有的符号。广电运通虽然也渴望快速发展,但更追求稳健成长。如果说广电运通是龟兔赛跑中的那只乌龟,那么它的成功已经证明:乌龟也会飞!

广电运通的成功,值得我们反思,如何才能真正把一家企业做强、做大、做长久?

《基业长青》的作者吉姆·柯林斯研究发现,高瞻远瞩的公司很少靠"伟大构想"开创事业,而且,它们在草创时期"不可能像对照

公司那样旗开得胜"。简而言之,"初期的事业成功和成为高瞻远瞩公司之间正好成反比"。由此,柯林斯总结道:"长距离赛跑的胜利属于乌龟,不属于兔子。"

显然,广电运通属于那只稳健爬行的乌龟,而不是急功近利的兔子。

在中国,凡是企业历史能超过10年以上的,领导人多体现出稳健甚至忍辱负重的性格。比如,1969年就成立的万向公司,其创始人鲁冠球,曾多次想要进军汽车行业,但最终因"时机不成熟"而暂停了这一计划。再比如,20世纪70年代成立的沙钢、格兰仕、雅戈尔等,其领导人的性格,也多以低调、稳健著称。至于20世纪80年代成立的新希望、联想、海尔、万科、正太、娃哈哈、华为以及20世纪90年代出现的苏宁、格力、雨润、阿里巴巴、广电运通等,其大多数领导人的经营风格,也多是低调、内敛。

企业要想长远发展,就必须掌握稳健成长的节奏。广电运通与那些迅速崛起又迅速灭亡的"流星式"企业不同,它渴望发展、追求速度,却永远不忘稳健;它的骨子里充满了危机意识,每前进一步都小心翼翼;它的领军人物有着惊人的市场本能、坚忍的性格和全球化的视野;它不求快速膨胀,却坚定地追求成长;当危机来临的时候,它坚忍并寻找机会;当机遇来临的时候,它迅速抓住,敢于冒险……

2009年以前,广电运通无论是办公还是生产制造,都是租用广州无线电集团的厂地。直到当年11月份,公司才将所有部门都搬迁到科学城产业园,有了真正属于自己的办公场所。

说起来,广电运通从成立以来就开始盈利,而且市场份额年年扩大,要想投资建设自己的办公场所及生产车间,并非没有实力。可是,公司并没有这么做。公司的盈利,很大一部分被投入技术研发、人才队伍培养及服务体系的建设等。直到公司上市融到资金,才开始买地建设自己的产业园区。

随着市场份额的扩大，广电运通在上市之前，其生产规模就已经不适应市场需求的增长了。如果是其他公司，很可能会急切地扩张生产线，把钱投入规模扩张上来。但广电运通没有这么做，它坚持把钱投进技术研发这种基础性项目中来。在其看来，技术研发、人才培养、服务体系的建设，都是基础性工作，是企业的根基，如果不能把这些工作做好，企业规模再大也没有实际意义。

这其实是要速度还是要稳健的问题。通常来说，在抢占市场的过程中，速度比其他一切要素重要。因为市场一旦被竞争对手占领，再想抢回来会非常困难，公司甚至会面临被竞争对手挤出市场的危险。而如果公司能凭借速度优势先占领"山头"，那么回头再去搞管理或者研发等基础工作，也还来得及。从这个角度来说，许多企业家推崇的"速度优势"，的确有它的合理之处。

但事情总有例外，过于重视速度有时也会获得适得其反的效果。前几年，苏宁在和国美的市场争夺战中，扩张规模始终慢国美一拍，在开店数量上处于劣势。而在单店的盈利额上，苏宁却远比国美优秀。究其原因，就是苏宁在扩张的同时，把更多精力投放到了后台的物流建设上。作为全国零售巨头，没有强大高效的物流体系做支撑，规模越大，问题就会越多。这就是为什么国美的并购式扩张最后败于苏宁的内生式增长的原因。

对广电运通来说，它能够迅速成长为国内行业第一，就是得益于它的内生式增长方式。采取这种增长方式的公司，如果没有极佳的市场机会，创立初期很难缔造"奇迹"，但一旦机会来临，它就会出现爆发式增长，因为它的核心竞争力是其他企业无法模仿的。比如沃尔玛的全球供应链体系，别的竞争对手就很难打造出来，所以同样是价格战，沃尔玛可以盈利，其他竞争对手就有可能亏损。

在长距离赛跑中要想获得胜利，第一要保持速度的节奏，第二要时刻牢记最终的目标。遗憾的是，大多数"昙花一现"的企业，在这

两方面都出了问题。急功近利搞扩张，什么好卖做什么，这已经成为许多企业的通病。更让人担忧的是，在实体经济的经营环境越来越恶劣的情况下，许多代表中国品牌的一些知名企业，也纷纷开始抛弃原始目标，而把类似房地产这种所谓暴利行业作为新的目标。

如今，国内众多的家电巨头已经纷纷进入房地产行业，许多公司还成为房地产业的重要力量。那么，当房地产业回归平静的那一天，这些曾矢志要成为家电行业老大，甚至要进入世界 500 强的众多企业，又该把目标投向何处？

创造百年老店的秘诀，是去掉所有不像百年老店的部分。乌龟之所以能成为最终的胜利者，不是因为它跑得快，也不是因为它能一直领先，而是因为它对到达目标的坚定不移。现在，中国的企业，还有几家想成为百年老店，又还有几家想做乌龟呢？